LE
DÉPART POUR L'EXIL
EN 1792
OU
SCÈNES DE LA RÉVOLUTION FRANÇAISE
A MORTAGNE (ORNE), A ALENÇON, A PARIS, A ROUEN
DANS LE PERCHE ET LA NORMANDIE

Publiées d'après des Documents inédits

PAR

M. l'abbé A.-P. GAULIER
Membre de la Société historique et archéologique de l'Orne
de la Société des Antiquaires de Normandie
Etc., etc.

LA CHAPELLE-MONTLIGEON
A.-P. GAULIER
1897

LE
DÉPART POUR L'EXIL
EN 1792

LE
DÉPART POUR L'EXIL
EN 1792

OU

SCÈNES DE LA RÉVOLUTION FRANÇAISE

A MORTAGNE (ORNE), A ALENÇON, A PARIS, A ROUEN

DANS LE PERCHE ET LA NORMANDIE

Publiées d'après des Documents inédits

PAR

M. l'abbé A.-P. GAULIER

Membre de la Société historique et archéologique de l'Orne
de la Société des Antiquaires de Normandie
Etc., etc.

LA CHAPELLE-MONTLIGEON

A.-P. GAULIER

1897

Bellême (Orne), imp. G. Levayer

LE
DÉPART POUR L'EXIL
EN 1792

CHAPITRE PREMIER

Scènes révolutionnaires
à Mortagne-au-Perche (Orne)

I. — LA RÉVOLUTION DE 1789. — Les pères de la Révolution qui éclata en 1789 savaient-ils qu'elle donnerait le jour à des patriotes tels que nous les avons vus ? Ces prétendus grands génies, ces soi-disant bienfaiteurs du genre humain, qui *éclairaient le monde*, qui *écrasaient l'Infâme*, disaient-ils, est-ce qu'ils avaient prévu que de leur philosophie sortiraient comme de leur source des monstruosités dont eux-mêmes et leurs adeptes seraient les victimes ? Ces prisons, ces exils, ces spoliations, ces incendies, ces massacres, tous ces fléaux, en un mot, qui firent alors de la France une image de l'enfer, se doutaient-ils qu'ils arriveraient ? Je ne le pense pas.

Grâce à ces deux mots, *patriote*, *aristo-*

crate, les Français furent, à cette époque,
transformés, les uns en persécuteurs, les
autres en persécutés.

Quelque fidèle que soit l'histoire de la
Révolution française, la postérité aura de
la peine à se former une juste idée de
l'exaltation et de l'ivresse patriotiques qui,
dans ces temps de vertige, s'emparèrent du
peuple français.

Les contemporains qui vivent encore,
tant acteurs que victimes, en croient à
peine à leurs souvenirs.

Pauvre espèce humaine ! des pervers au
pouvoir l'entraînèrent dans le chaos du
délire et de l'atrocité, en lui persuadant,
par des libelles et des chansons, que, pour
bien mériter de la patrie, il fallait brûler
les châteaux, renverser les trônes et les
autels, exterminer les rois, les nobles et
les prêtres.

Qu'on se figure un immense tableau
représentant des milliers de bouchers tra-
vaillant à l'envi à égorger des multitudes
d'agneaux et finissant par s'immoler eux-
mêmes les uns les autres ; qu'on se repré-
sente des bandes innombrables d'écervelés
qui vont, qui viennent, qui vocifèrent, qui
emprisonnent et qui assassinent sur toute
la surface de la France, en criant : Vive la
Nation ! tel fut l'affreux spectacle que le
sol français offrit pendant plusieurs années
à l'Europe épouvantée.

Les philosophes les plus impies, Diderot lui-même, auraient reculé d'horreur et d'effroi, s'ils eussent été là pour contempler leur ouvrage. Qu'auraient-ils pensé en voyant leurs adeptes périr par le suicide ou sur les échafauds, en voyant *la Raison, leur divinité,* s'abreuver à longs traits du sang de ses apôtres ?

Formez une assemblée composée de politiques ambitieux, d'écrivains orgueilleux, d'impies fanatiques ; vous aurez bientôt la dissolution de l'ordre social, et toute la perfection de tous les crimes.

La constitution civile du clergé fut faite en vue d'abolir la religion, et elle devait nécessairement diviser le clergé. Aussi il y eut parti pour et parti contre ; on vit des persécuteurs cruels et des persécutés innocents.

Ordonné prêtre en 1788, j'arrivais à temps pour être acteur dans le plus horrible des drames.

Le refus de prêter le serment, prescrit par la Constitution civile du clergé, fit de moi et un *réfractaire* et un *aristocrate.* Oui, *aristocrate* et *réfractaire,* je fus deux fois criminel, au dire de ceux qui proclamèrent pour tous la liberté et l'égalité, et ne la donnèrent qu'à ceux qui partageaient leurs idées. Déporté en 1792, après trois années des plus cruelles épreuves en France, je pus enfin respirer sur le sol étranger.

Parvenu à l'âge de quatre-vingt-cinq ans, il me prend la fantaisie en 1848 de redire à mes compatriotes les persécutions que j'ai endurées pendant les années 1790, 1791 et 1792. J'avais commencé à mettre en ordre à Londres, l'historique de mes tribulations. Cette narration, je l'ai continuée dans le cours de mon exil qui se prolongea pendant dix ans. Je la retouchai en 1802 et 1803, ce qui me donna occasion d'y insérer la fin malheureuse de Gastine, de Creveux et de sa femme, ainsi que le récit des autres vicissitudes que j'ai éprouvées depuis 1802, époque de mon retour dans ma patrie.

J'ai conservé mes notes. On peut ajouter foi à ce que je dis. Point d'exagération, point de phrases, je vais raconter simplement.

Cette histoire, dont je vais commencer le récit, et qui m'est à peu près particulière, est aussi celle de plus de soixante mille prêtres, tant séculiers que réguliers et celle même d'un grand nombre de religieuses, car si on se reporte par la pensée sur toute l'étendue de la France, elles y furent à peu près toutes traitées à cette époque comme quelques-unes, dont je ferai mention dans ce récit. Elle peut également s'appliquer, soit en plus soit en moins, à des milliers de nobles, de bourgeois et de paysans, qu'il suffisait de nommer *aristo-crates* ou même *suspects*, pour les rendre passibles d'une persécution qui allait souvent jusqu'à la mort.

II. — Sainte - Croix - de - Mortagne - au - Perche. — Né en 1763 à Moulins-la-Marche, ordonné prêtre à Séez, au mois de septembre 1788, je fus envoyé à Sainte-Croix-de-Mortagne - au - Perche, succursale de Saint-Germain-de-Loisé, la plus ancienne des paroisses de la ville. J'y trouvai un collègue, M. l'abbé Blanche, qui fut mon guide et mon ami. Il m'apprit que nous avions, lui et moi, tous les honneurs et les profits d'un curé : « Nous sommes égaux, « me dit-il, et, parfaitement indépendants « de M. le Curé de Loisé. Il ne paraît dans « notre église qu'une fois par an, la veille « de Pâques ou de la Pentecôte, pour y faire « l'eau bénite, et, par ce moyen, faire acte « de prérogative et conserver son titre. « A cela près, nous jouissons des droits et « honneurs curiaux. Tout le casuel est « pour nous. Le curé ne touche rien de « son annexe et les marguilliers n'ont pas « même de comptes à lui rendre.

« Nous chanterons la messe paroissiale « alternativement ; quand ce sera votre « tour, vous serez de semaine, et vous « aurez à baptiser, à marier, à faire les « inhumations et si des fêtes s'y trouvent,

« vous officierez ; c'est ainsi que nous
« sommes égaux en droits. »
L'abbé Blanche était là depuis dix ans.

III. — MON INSTALLATION. (Premier
dimanche d'octobre 1788).
— Monsieur l'abbé Blanche, faudra-t-il
que je prononce un discours ?
— Oh ! sans doute.
— Que dire alors ?
— ..... Eh bien ! pour la première fois,
faites des compliments à tout le monde,
faites-les adroitement, et vous serez proclamé orateur.
M. le Curé de Loisé ne parùt point à
mon installation. Elle n'en fut pas moins
brillante et pompeuse. MM. les Marguilliers
s'y surpassèrent. Cloches en vol, carillon,
musique, diacre et sous-diacre à l'autel, en
un mot grande solennité ; pas moyen de
faire mieux pour la réception d'un évêque.
Cette pompe, cette magnificence ne m'occupèrent guère ; je regardais la chaire. Je
n'y montai qu'en tremblant ; j'y fis, d'une
voix mal assurée, des phrases décousues et
des compliments qui ne valaient pas mieux.
Comme Bourdaloue je finis par la vie
éternelle. Nous fûmes invités à diner chez
M. l'abbé Coupard qui, à cette occasion,
donna un repas splendide.

IV. — M. L'ABBÉ COUPARD. — Cet ecclésiastique alors âgé de soixante-neuf ans, ayant eu sa large part dans les tribulations et les persécutions que nous eûmes à essuyer, va figurer plusieurs fois dans ces mémoires, et je lui dois une notice biographique.

Quelle était sa position ? La voici.

Né à Versailles, il avait été élevé à Paris, et y avait passé cinquante années de sa vie. Fils d'un fermier-général, il avait hérité d'une fortune considérable. Il était abbé commendataire et simple sous-diacre. Le mari de sa sœur, père de trois enfants, était établi à Mortagne, et il avait trouvé le secret de se ruiner. M. l'Abbé ne balança point à transporter son domicile à Mortagne pour se charger de cette famille qui lui était chère, la prendre chez lui et la rendre heureuse. Sa maison était tenue comme celle d'un prince, avec domestiques nombreux et table ouverte. Une dame d'honneur présidait aux approvisionnements, et elle était aussi chargée de procurer chaque jour à M. l'Abbé d'honorables convives.

Le genre de vie de M. l'abbé Coupard était réglé. Il ne sortait guère chaque matin de son hôtel que pour aller à la messe, toujours à la même heure. De l'église il se rendait à sa chambre où il disait son bréviaire et faisait des lectures pieuses. Il ne paraissait au salon qu'un quart d'heure avant le dîner. Ses aumônes étaient abon-

dantes. Il possédait en bénéfices ecclésiastiques de cinq à six mille livres de rentes,
et il les versait, par nos mains, dans le sein
des pauvres.

L'abbé Blanche avait son quartier ; j'avais
le mien. Nos indigents se présentaient dans
la sacristie, à l'issue de nos messes, et nous
leur délivrions des bons de pain, de viande,
de bois, de linge, en un mot, pour tout ce
dont ils avaient besoin. M. l'Abbé les soldait
chaque mois, et quand, à la fin de l'année,
les bons dépassaient les cinq à six mille
francs, il ne disait pas : c'est trop. Sa géné-
reuse sollicitude en faveur des pauvres
était vraiment inépuisable. Dans un hiver
rigoureux (1788-1789) il fit venir une abon-
dante provision de riz et nous chargea de la
répartir par les maisons. Nous verrons
comment il en fut récompensé par ceux
qu'il avait nourris.

Son salon était le rendez-vous de la haute
aristocratie. Tous les soirs, parties de piquet
et de reversi et lecture des journaux.
M. l'Abbé ne les lisait pas et ne les écoutait
guère. Il ne jouait à aucun jeu. Il passait
d'une table à l'autre pour voir jouer.

Riche, très riche, abonné à la *Gazette de
France*, par du Rozoy ; à l'*Ami du Roi*, par
l'abbé Royon, il devait figurer dans la catégorie des aristocrates : il y figura bientôt et
en première ligne. Il y perdit sa fortune et
presque sa vie.

Etait-il tenu au serment prescrit par la Constitution civile du clergé ? Non, car ce serment ne devait être exigé que des fonctionnaires publics.

M. l'Abbé était notre paroissien ; nous mangions tous les jours à sa table, l'abbé Blanche et moi. Quand nous eûmes mérité l'abominable qualification de réfractaire, et, par suite, toutes les rigueurs du *patriotisme*, ce vieillard si vénérable s'y trouva soumis comme nous. *Aristocrate pourri*, comme disaient les patriotes, il nous avait défendu, comme bon catholique, de prêter le serment à la Constitution civile du clergé, et nous nous empressâmes, en notre qualité de fidèles enfants de l'Eglise romaine, de lui obéir.

V. — ÉTATS-GÉNÉRAUX. — Chacun en raisonnait à sa manière, souvent à perte de vue, et presque toujours, d'après son journal. Cette nouveauté était, tous les soirs, mise sur le tapis dans le salon de M. l'abbé Coupard.

Je ne comptais guère que vingt-cinq ans... Necker... Déficit... impôt du timbre... chansons turgotines... abus... réforme... états-généraux... liberté... égalité..., tous ces mots ne me faisaient guère d'impression et M. l'Abbé ne s'en occupait pas plus que moi.

VI. — DOLÉANCES. — Cependant, à propos

des doléances, je me hazardai à faire de la politique.

A cette époque, la nation se composait de trois ordres distincts, la noblesse, le clergé, et le tiers-état. Ces trois ordres furent appelés séparément à rédiger leurs vœux et leurs doléances, sous le nom de cahiers. Ces cahiers devaient être remis aux députés, et leur servir de thème pour opérer d'utiles réformes.

A cette occasion, je devins patriote. J'émis le vœu qu'aucun ecclésiastique ne fut promu à un bénéfice-cure avant d'avoir été vicaire au moins pendant cinq ans. Je reçus force compliments pour cet acte d'abnégation.

VII. — Les Clubs. — Ils s'organisèrent par toute la France, dans tous les bourgs, dans toutes les villes. Celui de Mortagne était installé chez notre marguillier-receveur qui en était le président.

Qu'est-ce qu'un club ? C'est un hangar, ou une grange, ou un autre local, où sont convoqués les bons citoyens, les amants de la liberté et de l'égalité. Une tribune et deux bancelles y sont établies, type de l'égalité et de la liberté ; les sans-culottes des deux sexes y sont admis : toutes les têtes ardentes, avides de nouveautés, s'y rendent en foule. Tous y sont égaux ; la parole y est à celui qui la prend ; tous frères et amis, comme ils le disent, c'est une camaraderie dans toute la force du terme.

A quoi sert la tribune ? A lire les journaux, les pamphlets et les libelles incendiaires ; à se déchaîner contre les aristocrates en général, et aussi en particulier ; à les représenter comme des monstres prêts à égorger tous les patriotes et capables de tous les crimes.

VIII. — QUINZE CENTS BRIGANDS. — Les journaux incendiaires, les pamphlets, toutes les inventions propres à tourner les esprits, à monter les têtes avaient électrisé les masses, mais ce n'était pas assez, il fallait armer les bras et aguerrir les courages. Encore quelques commotions et les masses seront changées en cannibales.

Arriva à Mortagne, à franc étrier, un cavalier effaré, les cheveux en désordre. Il galoppait par les rues et criait : Aux armes ! Aux armes ! A Mauves, quinze cents brigands qui mettent tout à feu et à sang !... Aux armes !

Terreur subite ! Tous les cœurs sont glacés ! Ils ne sont guère qu'à deux lieues de nous ! Peut-être s'en approchent-ils déjà ! Où fuir ? Où se cacher ?

On va, on vient, on court, on s'effraye, on délibère à la municipalité, et enfin on ordonne de barricader et de s'armer de toutes pièces : mesures de rigueur, aucun n'en est exempt, pas même les femmes. Des charrettes vides, traînées à bras, vont se placer en travers ; d'autres charrettes, chargées de tonneaux, de coffres, d'armoires, de solives, de poutres et autres pièces de bois, de tout ce qui est, en un mot, propre à faire des barricades, roulent vers leurs destinations respectives, et les barricades se consolident tant bien que mal.

La gendarmerie et une compagnie de dragons qui tiennent garnison à Mortagne, sont à cheval, sabre au poing ; les citoyens se sont armés de leur mieux. Aux fusils, sabres et épées, se mêlaient broches à rôtir, brocs, fourches de fer, et même des faulx.

Nous étions à la même fenêtre, l'abbé Blanche et moi, et nous regardions en pitié cette frayeur, ce mouvement si tumultueux. Un capitaine, à la tête de trente dragons, passe, allant à la découverte. Il nous salue en riant : les quinze cents brigands, le feu et le sang ne l'intimidaient pas. Sous nos yeux était un de nos voisins assis sur le pavé, adossé au mur, gravement occupé à battre sa faulx. Survient sa pauvre femme, portant un jeune enfant sur son bras. L'ayant aperçu dans cette position, elle s'élance vers lui, fondant en larmes :

— ... Je t'en prie, mon ami, n'y va pas... Je t'en prie, prends pitié de tes pauvres petits enfants... de ta pauvre femme... n'y va pas... hélas ! hélas !!! tu vas te faire tuer ! hélas ! mon Dieu, mon Dieu !... n'y va pas, je t'en prie, mon cher ami...

Lui, sans s'émouvoir, sans même lever les yeux, continuait de battre sa faulx avec un flegme stoïque. Sa femme lui répétait :

— Je t'en supplie, je t'en prie, mon cher ami, n'y va pas, n'y va pas, tu vas te faire tuer...

Lui, en passant le pouce sur sa faulx, comme pour s'assurer si elle avait le fil, répond froidement :

— Pourvu que j'en tue un, je m'en f...iche.

A ces mots, l'abbé Blanche partit d'un éclat de rire. A moi aussi impossible de ne pas rire. Nouvelle addition au chapitre de nos crimes.

Le détachement de dragons envoyés à la rencontre des brigands avait eu assez de temps pour aller jusqu'à Mauves. De retour, force lui fut de s'arrêter à l'entrée de la ville, autant de temps qu'il en fallut pour lui donner passage. La rue en effet était fermée par des poutres, des charrettes, des fûts de pipes fixés par des pieux.

A Mauves point d'incendie ; point de sang répandu et moins de brigands qu'à Mortagne. Notre voisin n'eut pas plus l'occasion de tuer qu'aucun de ses frères d'armes.

IX. — Autodafé. (Jeudi 23 juillet 1789).

— L'alerte que nous venions d'éprouver avait un but, celui de monter les têtes et de les exalter. L'invention de ces quinze cents brigands qui, dans un même jour, mettaient tout à feu et à sang dans les petits bourgs, n'avait été faite que pour agiter et armer les villes. A défaut de brigands, la gabelle, les aides, le fisc, étaient là pour exercer et divertir cette nuée de héros qui avaient si bien mérité de la patrie.

Il est certain que des émissaires, venus de Paris, et arrivés de veille travaillèrent la populace avec une éloquence ardente. Leurs attaques fougueuses s'attachèrent particulièrement aux droits réunis.

Détruisons, citoyens, ces sangsues publiques, qui sucent le sang du peuple. Ils se portèrent d'abord dans les bureaux du directeur des droits réunis, puis dans ceux du grenier à sel et autres qui tenaient au fisc. Ils en enlevèrent tous les registres et papiers qu'ils y trouvèrent ; ils les entas-sèrent sur la grande place, y mirent le feu et dansèrent autour de ce bûcher.

Grande réjouissance ! Autodafé des plus bruyants ! Les cendres s'élevaient en tour-noyant et obscurcissaient l'atmosphère. Les acclamations ressemblaient assez aux aboiements d'une meute qui va forcer sa proie. Ces cris qui fendaient les airs nous causèrent plus d'effroi que les quinze cents brigands. Le directeur qui avait eu le bon-

heur de s'échapper était menacé de mort.
On disait dans la foule : « Il faut qu'il y
passe..... Il va y passer ».

En fut-il de même, le même jour, dans
toutes les villes de France ? On l'a dit.
Cette farce satanique, dont l'invention était
si propre à perfectionner l'œuvre nouvelle,
fut attribuée à Mirabeau, mais combien
d'autres étaient fertiles en expédients !
Nous ne sommes pas à la fin.

X. — L'Arbre de la Liberté. — Messe
en plein Vent. — Des arbres de la liberté,
surmontés d'abord de girouettes aux trois
couleurs, et quelque temps après, coiffés du
bonnet rouge, furent plantés dans toutes
les localités. Pas de bicoque qui n'eut son
arbre de liberté ; cette liberté-là faisait
fureur. Celui de Mortagne était planté au
milieu de la grande place, mais il n'avait
pas encore été inauguré. Que voulez-vous ?
On ne pense pas à tout. S'il fut négligé
pendant quelque temps, la réparation fut
complète, et elle eût lieu le dimanche qui
suivit l'autodafé. Figurez-vous un des
plus beaux arbres du pays, le mieux filé, le
mieux peint depuis le pied jusqu'à la tête,
chargé de rubans bleus, de rubans blancs,
de rubans rouges, couleurs nationales. La
veille de l'inauguration, le samedi, on s'occupa à dresser et à décorer un autel au
pied de cet arbre;

— Madame, si vous avez du blanc....., madame, si vous avez du bleu....., madame, si vous avez du rouge....., mesdames, tout ce que vous avez de plus fin, de plus beau, apportez-le sur notre autel et adaptez tout cela avec le bon goût qui vous distingue (26 juillet 1789).

Le lendemain dimanche, dès le matin, des guirlandes, des emblêmes décoraient l'autel. Tout était tricolore, l'arbre, les cocardes, les drapeaux, l'autel et la ceinture du pontife de la fête. Le plus grand, le plus élégant des vicaires de Notre-Dame fut choisi pour sanctifier la liberté. Grand abbé fluet, sa large ceinture et sa large cocarde tricolores relevaient la pâleur de son visage. Encore célibataire, il ne le sera plus deux ans après, et il dira, ce prêtre apostat, à qui voudra l'entendre, que, dans le temps qu'il disait la messe, il faisait voir des marionnettes par dessus sa tête.

On se doutera bien que l'inauguration de l'arbre de la liberté fit cohue. La messe était ce dont on s'occupait le moins. Aussi, une fois commencée elle s'acheva au pas de course. Il n'y manqua que la piété, la modestie, la décence. La musique, tantôt enrouée, tantôt criarde, toujours discordante, faisait entendre des airs nationaux ou plutôt sauvages. Elle était à la hauteur ; les sans-culottes et les harpies faisaient accord, puis ils gambadaient, ricanaient,

se bousculaient et criaient : Vive la Nation !
Hideux spectacle ! Nous en fûmes témoins,
l'abbé Blanche et moi. Une famille, pensant
comme nous, qui habitait sur la grande
place, en face de l'arbre de la liberté, et
avait chambre à jalousie et porte de derrière
par laquelle nous pouvions nous introduire
sans trop de dangers, était prête à nous
recevoir. La curiosité nous talonnait. L'occasion était belle ; nous en profitâmes.
Masqués par une jalousie, nous pûmes tout
observer.

— Voyez, me dit l'abbé Blanche, tout est
en tricolore ; il n'y a que la soutane de
l'officiant qui est noire.

Farce sacrilège, nous en témoignâmes
notre indignation. De faux frères nous en
accusèrent en plein club. Ce fut là une
nouvelle addition au chapitre de nos crimes.

XI. — 1790. CONSTITUTION CIVILE DU
CLERGÉ. — Dès avant sa promulgation, la
Constitution civile du clergé fut en France
une pomme de discorde.

Les journalistes, les clubs s'en emparèrent et la discutèrent, d'après leurs vues et
l'esprit qui les animait.

L'Eglise, disait-on, qui gémissait depuis
des siècles sous le plus dur esclavage, allait
enfin rentrer dans ses libertés. Les beaux
siècles du christianisme allaient refleurir,
l'âge d'or ressusciter et le xviii⁰ siècle serait

appelé le siècle de la renaissance et des lumières. Les scandales allaient être extirpés jusque dans leurs racines, les nombreux abus, introduits dans les affaires ecclésiastiques, allaient disparaître et les curés toucheraient annuellement une rétribution de 1,200 francs. Délivrés des soins et des affaires terrestres, ils n'auraient plus à s'occuper que du salut des âmes. On paraphrasait, on commentait ces données ; on faisait tout voir couleur de rose et la génération d'alors n'avait pas même l'idée d'une révolution. Il n'y avait que quelques peureux instruits qui prévirent des ravages dans celle qui se préparait. Les sages la virent amenée depuis près d'un siècle, par une foule de novateurs impies et accompagnée de furieux qui ne tarderaient pas à bouleverser l'ordre social.

On écrivit, on raisonna sur le fameux serment. Il fut démontré que c'était un piège tendu au clergé, pour le diviser d'abord et pour l'abattre plus tard.

Le pape et les évêques le condamnèrent ; des hommes influents l'approuvèrent et voulurent le justifier. De là une polémique ardente et acerbe ; de là le pour et le contre dans les journaux qui remplissaient leurs colonnes ou de déclamations furibondes contre les abus et les scandales du haut clergé, ou de malédictions contre les fauteurs du serment.

Dans les clubs, pendant plusieurs jours, la Constitution civile du clergé ainsi que le serment furent à l'ordre du jour. On essaya d'y prouver que les bénéficiers étaient une perte publique, que les évêques passaient plus de temps à la Cour ou à Paris que dans leurs diocèses, qu'ils y vivaient dans la mollesse, que les richesses du clergé absorbaient la moitié des revenus de la France, que les moines n'étaient bons à rien et que la corruption régnait dans les couvents.

Du haut clergé, les clubistes en venaient au clergé du second ordre. Ils applaudissaient à la suppression des dîmes qui ne profitaient, disaient-ils, qu'aux gros bénéficiers, qu'aux couvents, et pesaient lourdement sur le cultivateur et même sur le petit décimateur qui consumait en frais la moitié de ses gerbes. Ils approuvaient qu'on accordât aux curés un traitement de 1,200 francs.

Ces jongleries et autres semblables faisaient fortune, notamment parmi le peuple, auquel il était facile de persuader que le pape et les évêques ne se fâchaient qu'à cause de leurs immenses richesses qui allaient être entamées. —

Tout ce qui était propre à monter, à tourner les têtes fut employé. Les masses, une fois prévenues, ajoutèrent facilement foi aux contes les plus absurdes, aux calomnies les plus noires. Elles ne devinrent cruelles, féroces, sanguinaires, que par l'effronterie mensongère et l'astuce diabolique des meneurs.

La division, qui eut lieu au sujet du serment, fît ajouter à la qualification d'aristocrates que le peuple ne comprenait guère, celle de réfractaires qu'il ne comprit pas mieux.

XII. — Un Révolutionnaire. — J'allais à Moulins voir ma mère. J'étais à pied. Un cabriolet m'atteignit et un monsieur qui s'y trouvait m'offrit une place près de lui. Il était de Mortagne. Il me connaissait, mais je ne le connaissais pas.

Médecin, il était allé à la Martinique pour y exercer son art. Alléché par la Révolution, il venait de rentrer en France.

En tête-à-tête avec un prêtre, le docteur commença par tomber sur le fanatisme. Il m'en débita longuement sur le pape, les évêques et les prêtres, sur les despotes, sur les tyrans, sur les droits du peuple, sur le triomphe de la raison. Il chercha ensuite à me prouver énergiquement que je ne devais pas me refuser à prêter le serment prescrit par la Constitution civile du clergé. Il m'en débita tant que je finis par lui dire d'un ton un peu impatienté :

— Monsieur, en voilà bien assez, et même beaucoup trop.

Aussitôt il pose la main sur mon épaule et me dit :

— Petit abbé, le moment n'est pas bien éloigné où il faudra qu'un parti échine l'autre.

Il faudra qu'un parti échine l'autre. Pronostic effrayant ! Déjà deux partis se trouvaient en présence l'un de l'autre, et bientôt ils allaient se choquer. J'y réfléchis. Le docteur fit plus d'impression sur mon esprit que la polémique des journaux que je lisais rarement et à laquelle j'attachais peu d'importance.

Pendant les deux jours que je passai à Moulins chez ma mère, la culbute sociale si hautement proclamée par le médecin réformateur, trotta si vivement dans ma tête qu'elle y déposa un levain d'aristocratie. De retour à Mortagne, j'eus bientôt pris en aversion et *Mirabeau*, qui ne tarda pas à être ma bête noire, et *Lafayette*, qui dormait au 6 octobre, pendant que la populace de Paris massacrait à Versailles les gardes du roi et l'emmenaient à Paris avec sa famille, et le peuple souverain qui commençait à devenir insolent et avait déjà appris à chanter le *Ça ira* ; et je devins complètement aristocrate, ou, comme l'on disait alors, un *aristocrate pourri*, épithète qui devint populaire.

Député à la Convention, le médecin révolutionnaire fit imprimer des chansons, pleines de b..... et de f....., dans le style du père Duchesne. Il vota la mort du Roi.

Condamné à la déportation sous la Restauration, il ne fut point déporté, parce qu'il était devenu aveugle. Détenu dans la prison de Mortagne, en 1816, j'allai l'y voir ; il était mourant. Cependant nous pûmes renouveler connaissance..... « Je suis fâché, lui dis-je, de vous trouver dans un aussi triste état ». Il me répondit : « Bah ! f..... je crèverai peut-être bientôt ». Un ecclésiastique zélé alla l'engager à se réconcilier avec le bon Dieu ; il lui répondit : « Je ne savais pas que nous fussions fâchés ». Il mourut dans la quinzaine.

XIII. — 1791. LE CURÉ DE NOTRE-DAME. — Je le rencontrai peu de jours avant la prestation du serment. — Dites donc, l'ami, on dit qu'il faut jurer. — On dit qu'il ne faut pas jurer. — Il jura ce bon curé, oui, ce bon curé ! Il me le prouva, comme je le dirai bientôt, alors que je me trouvais dans une circonstance critique — mais il prouva surtout qu'il était un bon curé par la rétractation publique qu'il fit de son serment schismatique.

A genoux, au bas de son église, la corde au cou, il fit une rétractation publique qui fit couler bien des larmes. A la réouverture des églises, il alla mourir simple desservant dans le diocèse de Versailles.

XIV. — PRESTATION DU SERMENT. — « Je

« jure d'être fidèle à la nation, à la loi et
« au roi et de maintenir de tout mon pouvoir
« la Constitution civile du clergé, décrétée
« par l'Assemblée nationale et sanctionnée
« par le roi ». Ceux qui prêtaient ce serment
conservaient leurs postes, et ceux qui s'y
refusaient étaient maintenus jusqu'à remplacement.

Il y avait dans la ville de Mortagne trois
paroisses : Notre-Dame, Saint-Jean, Saint-
Germain-de-Loisé et une succursale, Sainte-
Croix. Il y avait un curé et trois vicaires à
Notre-Dame ; un curé et deux vicaires à
Saint-Jean, un curé et un vicaire à Saint-
Germain-de-Loisé et deux vicaires à la
succursale de Sainte-Croix, l'abbé Blanche
et moi. Le curé de Loisé et son vicaire
devaient se réunir à nous.

On savait par toute la ville qu'on trouve-
rait obéissance à Notre-Dame et à Saint-
Jean. Les prêtres de ces deux églises
l'avaient en quelque sorte publié ; mais on
savait aussi qu'il y aurait résistance à
Sainte-Croix, que le curé de Loisé et son
vicaire, que l'abbé Blanche et moi n'étions
pas disposés à prêter le serment, parce que,
disait-on, la table et le salon de l'abbé
Coupard étaient aristocrates.

Cette cérémonie aurait pu se faire à
l'Hôtel-de-Ville, et il y eut délibération à ce
sujet, mais afin que la prestation de ce
fameux serment fut plus imposante et plus

solennelle, il fut convenu, statué et arrêté au club qu'elle aurait lieu le dimanche (dernier dimanche de janvier 1791), qu'elle serait annoncée de veille au son des cloches et des tambours ; que le lendemain, à l'heure des messes paroissiales, on commencerait par Notre-Dame et par Saint-Jean, et que le même jour on finirait par Sainte-Croix, à l'heure des vêpres.

Sur les dix heures du matin, toutes les autorités réunies se firent précéder d'un bataillon de musiciens qui, avec leurs tambours, leurs tambourins, leurs flûtes, leurs hautbois, faisaient un vacarme épouvantable. Suivait la garde nationale avec quelques chefs en uniforme. Les soldats qui se glorifiaient du nom de sans-culottes, en avaient aussi le costume, et leurs armes s'y rapportaient. C'étaient des sabres, des piques, des épées, des broches, des brocs rouillés, des fusils noircis par la fumée, des bâtons ferrés. Troupe d'écervelés, ils marchaient sans ordre, pêle-mêle avec des gamins, des femmes en guenilles et vociféraient le *Ça ira*, le *Vive la Nation*, ce qui avec le son de leurs instruments discordants ressemblait à une musique infernale.

Tel était l'effrayant cortège qui escortait les autorités composées des membres du district, de la municipalité et des notables citoyens du club. Délire frénétique ! Ceux qui ne le partageaient pas se tenaient renfermés pour trembler et gémir.

L'église Notre-Dame reçut la première cette horde tumultueuse. Les cris, les chants, les tambours, les flûtes, etc., retentirent dans le lieu saint sur des airs et des paroles du plus chaud patriotisme. Le curé et ses trois vicaires se présentèrent à la porte du chœur. L'un des vicaires, M. Le Meunier, refusa de prêter le serment. Il fut hué et indignement apostrophé. Les deux autres, ainsi que le curé, le prêtèrent aux acclamations d'une multitude en délire.

Le cortège se dirigea ensuite vers l'église Saint-Jean. Le curé sexagénaire ne le se fit pas dire deux fois pour prêter le serment, et ses deux vicaires l'imitèrent.

M. le Curé de Loisé et son vicaire reçurent sommation de se rendre à Sainte-Croix, et nous fûmes prévenus, tous les quatre, que nous ne serions interpellés sur le serment qu'à l'heure des vêpres. C'était donner aux mauvaises têtes le temps de fermenter, et c'était là ce qu'on voulait.

Nous savions que l'Assemblée législative avait prévu les restrictions au serment, qu'elle le déclarait nul et sans effet, si on y ajoutait, si on le diminuait, et nous n'ignorions pas que ceux d'entre nous qui refuseraient de le prêter purement et simplement, seraient regardés comme des aristocrates pourris, et comme des ennemis du bien public.

C'est pourquoi nous convinmes de prononcer la formule en ajoutant : *Dans tout ce qui ne sera pas contraire à la religion catholique, apostolique et romaine,* persuadés que le plus grand nombre de nos ennemis n'était qu'égaré et qu'une explication motivée pourrait faire impression sur plusieurs, les faire revenir de leurs préventions et détourner l'orage qui nous menaçait, mais nous n'y gagnâmes rien.

Cependant nos vêpres s'avançaient et nous étions au psaume : *In exitu Israël de Egypto, domus Jacob de populo barbaro,* lorsqu'il entra dans notre église ce peuple barbare qui devait nous exiler de notre patrie, s'il ne nous assassinait pas. Ce fut un tonnerre de criailleries et de hurlements à ébranler la voûte. Ils se poussaient et se bousculaient à étouffer ; il y en eut même qui ne s'en tirèrent qu'avec des contusions. Horde épouvantable ! Les deux tiers restèrent aux portes, faisant chorus avec ceux de l'intérieur.

Une voix roulante : — Place..., place..., silence... de par la Nation, la Loi et le Roi.

Des gendarmes, sabres nus, des gardes nationaux, bayonnettes en l'air, fendent la presse et ouvrent un passage aux magistrats qui parviennent enfin à arriver au haut de la nef.

— Citoyens prêtres, approchez.

Nous nous rangeâmes tous les quatre sous le crucifix, sur la marche, à l'entrée du chœur. Ainsi placés, nous dominions de la tête les magistrats qui étaient devant nous, comme le sont ordinairement devant les juges, les témoins appelés à faire serment, mais il fallait alors que tout fut à l'envers, même le bon sens.

Ordre est donné à une espèce de greffier de lire la loi, ainsi que la formule du serment que nous devions prêter. Nous sommes ensuite interpellés en ces termes :

— Voulez-vous..... Ne voulez-vous pas prêter serment ?

Pour toute réponse, M. le Curé de Loisé déploie un papier, tousse... se mouche et tousse encore. Il commence à lire, mais du haut, du milieu, du bas de l'église, c'est un tapage au travers duquel on ne peut entendre que ce cri :

— Le serment... le serment... point de préambule... le serment... le serment.

M. le Curé étendit la main en disant :

— Vous le voulez : eh bien ! nous allons le faire.

A ces mots, le calme se rétablit. Après avoir prononcé la formule tant bien que mal, il éleva la voix et ajouta : « dans tout ce qui n'est pas contraire à la religion catholique, apostolique et romaine ».

Une voix fait observer que c'est là une

restriction, et alors nouvelle explosion de criailleries longtemps répétées : « Point de restrictions, point de restrictions ». La leçon avait été faite.

Le vacarme continuait. Cette restriction nous la répétâmes l'un après l'autre, mais à mesure que mon tour, qui était le dernier s'approchait, les vociférations : « Point de restrictions, point de restrictions », se multipliaient.

Se trouvait près de moi une apparence de forgeron qui s'écriait :

— Ils ont tous les quatre la tête dans le même bonnet.

Cet homme-là disait vrai.

Le silence un peu rétabli, on nous fait décliner nos noms, prénoms, qualités, domiciles, et un scribe les couche sur un gros registre. Sommés l'un après l'autre de prononcer la formule du serment puremeut et simplement, nous refusons et le citoyen président prononce d'une voix tonnante : « Ecrivez, *réfractaires* ». Nouvelle qualification pour cette foule d'ignorants aveuglés par la séduction. Ils ne distinguèrent plus entre aristocrates et réfractaires ; pour eux c'étaient des cannibales altérés du sang de la nation. Pauvre peuple ! qu'ils sont coupables ceux qui t'endoctrinent.

Confiant dans la bonté de notre cause, je m'étais proposé de l'établir en peu de mots. J'avais préparé un petit discours ainsi divisé : 1° que toute âme soit soumise à la puissance qui gouverne ; 2° il faut mieux obéir à Dieu qu'aux hommes. Mais à peine parvenu dans la chaire, un individu m'adressa cette injonction : « Va-t-en, blanc bec ». D'autres criaient : aristocrates..... réfractaires..... Ils la danseront, la carmagnole.

Je ne pus pas articuler une parole, et j'eus plus de peur en descendant de la chaire, que je n'en avais eu en y montant.

Lasse de nous accabler d'injures et d'invectives, cette foule de tapageurs s'écoula enfin, mais en s'écoulant, elle nous menaçait de la proscription et de mille autres châtiments.

— Chassons-les de leur église, disaient-ils... il faut tout de suite en condamner les portes. Mais dans cette foule se trouva encore un homme sage qui eut le bon esprit de faire remarquer que la loi nous maintenait dans nos fonctions jusqu'à remplacement, et les portes de notre église restèrent encore ouvertes pour un peu de temps.

Nous reprîmes nos vêpres au psaume *In exitu Israël...* où nous les avions laissés.

Ce parti, qui *devait échiner* l'autre, avait puissamment contribué à me faire sortir de l'apathie dans laquelle je végétais, mais l'*In exitu... de populo barbaro* travailla bien autrement ma pauvre imagination.

Ces clameurs, ces imprécations, ces gestes qui annonçaient la fureur me firent songer à fuir. J'en parlai à l'abbé Blanche qui me dit : « C'est une bourrasque, ça ne peut pas durer. On monte et on démonte le peuple à volonté. N'ayez pas peur ».

A partir de ce jour, les invectives et les calomnies ne nous furent plus épargnées. On nous donna le sobriquet d'*aristocrates*, et bientôt nous entendîmes sous nos fenêtres du matin au soir, et aussi dans les rues quand nous passions : *Ah! ça ira, les aristocrates, on les pendra.* C'était même là le premier alphabet des enfants qui nous poursuivaient avec cet éternel refrain, aux applaudissements des patriotes. Tout cela me donnait, comme malgré moi, je ne sais quelle timidité, même quand je n'avais pas d'autre sujet de crainte.

J'ai observé plus haut que dans les quatre paroisses de Mortagne, y compris celle de Loisé, il y avait onze ecclésiastiques assujettis au serment.

Trois le prêtèrent à Notre-Dame ; trois, à Saint-Jean : ainsi sur onze curés ou vicaires, six le prêtèrent à Mortagne.

Je ne sais si la même proportion se trouva par toute la France ; mais je crois pouvoir assurer qu'elle exista autour de nous. Il est vrai qu'il y eut beaucoup de rétractations, quand les passions se calmèrent, c'est-à-dire, parurent se reposer, pour éclater bientôt avec une nouvelle violence.

XV. — Charivari. — Sur le soir qui succéda à la cérémonie du serment, nous ne tenions plus qu'un faible compte des menaces, des huées, des apostrophes grossières, des outrages auxquels nous avions été en butte. Chacun de nous pouvait enfin respirer librement. Il y avait, comme à l'ordinaire, salon chez M. l'abbé Coupard. Nous en faisions partie.

Sur les neuf heures, la société allait se retirer. La gent patriotique l'avait prévu et se trouva à temps sous les fenêtres de l'hôtel. Alors se fit entendre un carillon des plus bruyants : c'étaient des poêles, des poêlons et je ne sais quels autres instruments sonores ; c'étaient des cris, des jurements, des menaces. Si on veut se faire une idée de ce charivari, qu'on se figure une bande d'écervelés furieux qui menacent, qui chantent le *Ça ira*, qui tambourinent, qui musiquent en sons aigres et rauques, et auxquels il ne manque plus qu'un hardi scélérat, pour en faire des assassins. Encore un peu de temps, et des hommes de cette trempe ne feront pas défaut.

Debout dans le salon, nous faisions tous la plus triste figure. Les dames s'écriaient : Mon Dieu ! Mon Dieu !.... Hélas ! qu'allons-nous devenir ?

Il y en eut une qui s'échappa dans le jardin, et toutes la suivirent. Eparpillées dans le jardin, elles s'y blottirent là où elles purent. La tempête apaisée, nous les revîmes au salon. Quand les domestiques se furent assurés que les rues étaient praticables, chacun se hâta de regagner son logis.

XVI. — LE CURÉ DE SAINT-JEAN. — Les *prêtres assermentés de Mortagne*, je dois le reconnaître ici, n'ont jamais été dans l'intention de nous persécuter, *nous prêtres réfractaires*, soit directement, soit indirectement, et les curés de Notre-Dame et de Saint-Jean, m'ont, au contraire, fourni des preuves de l'intérêt qu'ils prenaient à ma position. Mais il n'en est pas moins vrai que leurs principes, leur conduite contrastaient avec notre conduite et nos principes ; ce qui ne manquait jamais d'amener des comparaisons, qui aboutissaient à nous rendre odieux, à nous faire passer pour des mauvais prêtres et pour des hypocrites orgueilleux.

M. le Curé de Saint-Jean, en cheveux blancs, d'une gravité imposante, d'une affabilité séduisante, d'une taille avantageuse, d'une réputation sans tache, d'une piété édifiante, vénéré de toute la ville, avait mérité d'être cité pour modèle. Vertueux, savant, il n'était pas tourmenté par l'ambition : nommé évêque de Séez par les électeurs, il remercia.

Cependant ce cher curé était à notre égard un faux frère, sans s'en douter. En voici un exemple. Quand il baptisait, il adressait aux parrains et marraines ces questions qui sont dans le rituel : *Croyez-vous en Dieu ?* etc. Au *oui* qu'ils répondaient, il ajoutait : *et moi aussi, mon enfant.*

A chaque *oui*, il ne manquait pas d'ajouter : *et moi aussi, mon enfant.* Nous prétendions que les assermentés étaient schismatiques. A cette question : *Voulez-vous vivre et mourir dans le sein de l'Eglise catholique, apostolique et romaine,* les parrains et marraines avaient à peine articulé leur *oui,* que M. le Curé répétait sentencieusement son : *et moi aussi, mon enfant.* Qu'avions-nous à opposer à une autorité si imposante ? nous, jeunes prêtres qui vivions au sein de l'aristocratie. La théologie ? mais qu'avaient gagné les docteurs les plus profonds ? Rien. La prévention était acquise contre nous ; il ne nous restait d'autre perspective que la persécution. Les esprits se fourvoyaient, s'illuminaient ; la révolution se fortifiait : nous n'avions bientôt plus qu'à nous envelopper la tête.

— En savent-ils plus, ces jeunes morveux-là, que M. le Curé de Saint-Jean ? Tel était le dicton de tous les patriotes de la ville.

XVII. — Le Fessier, Cucu, Malassis. —

M. le Curé de Saint-Jean avait, comme nous l'avons dit, refusé d'être évêque constitutionnel de l'Orne ; mais, à son refus, M. Le Fessier, curé de Bérus, au Maine, ne balança pas à accepter la crosse et la mitre. Il eut pour grands vicaires MM. Cucu et Malassis (24 février 1791).

Gare la culbute ; plus le siège est élevé, plus elle est périlleuse. Qui croira, dans la suite des temps, que le siège épiscopal de Séez a été occupé par un Le Fessier ; que les vicaires généraux étaient un Cucu et un Malassis ? Qui ne prendrait ce singulier trio pour une monstruosité chimérique, pour la production d'un rêve creux ? La Providence l'avait sans doute permis pour nous donner à espérer qu'ils feraient bientôt la culbute. Un étranger, qui entendrait prononcer ces trois noms à la file, se demanderait si ce n'est point là un sarcasme grossier, une sotte satire. Mais qu'aurait-il à dire si on lui montrait ces trois noms en tête de la liste du clergé constitutionnel de l'Orne ? S'il entendait des milliers de témoins qui ont vu et connu Lefessier, Cucu et Malassis. La nation était crasseuse, il fallait la débarbouiller ; elle était décrépite, il fallait la rajeunir ; inégale, il fallait la niveler..... A bas la superstition et les châteaux, la noblesse et le clergé ; vivent les sans-culottes !

Les Le Fessier, Cucu et Malassis sont à leur tête, chantent le *Ça ira* et dansent la *Carmagnole*, en attendant l'installation de la *déesse de la Raison*. Cette nouvelle divinité dévoilera ses charmes aux yeux de la nouvelle nation, laquelle offrira à la nouvelle déesse ses hommages, son encens et ses adorations, répudiera l'Etre suprême, et le reprendra en vertu d'un décret rendu d'après la motion d'un nommé Robespierre.

Cependant Le Fessier, Cucu et Malassis travaillent activement à l'organisation du nouveau clergé. Ils avaient forte besogne à faire. Plus de la moitié des paroisses étaient encore gouvernées par des réfractaires et par des jureurs qui s'étaient rétractés. La réflexion, le cri de la conscience leur enlevait en effet bon nombre de prêtres qui avaient d'abord, par surprise, par faiblesse ou par ignorance, prêté le serment constitutionnel, et il y avait urgence de recruter des lévites et d'ordonner d'autres prêtres pour les remplacer.

Pour obvier à cette nécessité, Le Fessier, Cucu et Malassis enrôlèrent indistinctement tous ceux qui se présentèrent.

C'étaient pour la plupart d'anciens séminaristes, qu'on avait refusés d'admettre aux ordres sacrés pour cause d'ignorance ou d'incapacité canonique.

Je me trouvais à Séez le jour où se fabriquait la première fournée de prêtres.

Il y eut grande représentation. Ils furent solennellement promenés par la ville, *tous enchasublés*.

De la fenêtre où j'étais, j'en remarquai un qui se distinguait par son allure et ses prétentions. C'était un de mes voisins et un de mes anciens condisciples. Freluquet, damoiseau, il s'était fait jeter autrefois à la porte du séminaire, mais les temps étaient changés ! Après trois ou quatre mois de séminaire, il en sortit pour aller curé à douze cents francs. Au moins celui-là était instruit et savait lire à la messe et au prône ; il aurait même pu faire un sermon à ses paroissiens, mais hélas ! combien d'autres manquaient de la science suffisante, et ne lisaient même pas couramment le latin qu'ils n'avaient étudié que fort peu de temps et qu'ils pouvaient à peine comprendre.

Un prêtre constitutionnel de la même fabrique vint par la suite se fixer à Mortagne. Tisserand à Alençon, il avait jeté la navette aux orties pour endosser la soutane à Séez. Il bourda à la première messe, se débourda et bourda encore. Quelqu'un lui dit : — Monsieur le Curé, vous paraissez être loin de tout savoir. — Bah ! répondit-il, ça ne m'inquiète pas..... je prendrai un halot. Il voulait dire un vicaire.

Passait par un village un jeune chien, portant un papier attaché à son cou. Arrêtée comme suspecte, la bête est conduite à la municipalité. On prit le papier qu'elle portait, mais personne n'y put rien comprendre. L'écrit était en latin : on fit venir le curé qui, sans doute, n'y comprenant pas davantage, se mit à dire qu'on pouvait laisser aller le chien, que c'était son passe-port. Nous apprîmes qu'avant d'être ordonné par Le Fessier, il avait été marchand de lacets et d'amadou, ce curé constitutionnel-là.

XVIII. — Première Communion. — La ville de Mortagne, comme toute la France, était partagée en deux camps. De notre côté, nous avions les gens vraiment honnêtes. Mais hélas ! Ces honnêtes gens étaient timides et se contentaient de gémir et de mettre en pratique *le sauve qui peut.*

Réfractaires, l'abbé Blanche et moi, nous ne devions rester en fonctions que jusqu'à remplacement, et à la promptitude avec laquelle M. Le Fessier fabriquait ses prêtres, nous pûmes présumer que l'heure de notre renvoi sonnerait bientôt.

Nous crûmes alors que nous devions hâter la première communion pour ne pas laisser à des intrus tant d'enfants qui avaient suivi nos instructions.

L'abbé Blanche se chargea des garçons ; pour moi, j'instruisis les petites filles, et dès lors il y eut catéchisme le matin et catéchisme le soir.

Nous n'étions plus en communion avec les prêtres qui avaient prêté le serment, qu'on appelait communément les *prêtres jureurs*; cela fut cause que les habitants des autres paroisses de la ville, qui s'étaient séparés d'eux et n'avaient pas voulu adhérer à la Constitution civile du clergé, se firent nos paroissiens. Ils nous envoyèrent leurs enfants et nous fûmes agréablement surpris en voyant augmenter de jour en jour le nombre de nos catéchisants. Nous eûmes bientôt ce qui s'en trouvait dans la ville.

Diderot, qui avait désiré voir le dernier des rois, étranglé avec les boyaux du dernier des prêtres, Voltaire, Jean-Jacques Rousseau *et leurs disciples, ardents zélateurs de leurs doctrines impies, qu'ils publiaient dans la chaire des clubs,* n'étaient pas encore parvenus à étouffer dans tous les cœurs les principes de la religion. De chauds patriotes et même des clubistes envoyèrent leurs enfants à notre école, tant il est difficile d'extirper les principes, inculqués dans l'enfance, tant la vérité l'emporte sur l'erreur et le bon sens sur le sophisme. Ces partisans de la Révolution qui, dans les réunions du club, nous proclamaient hautement, l'abbé Blanche et moi, conjurés contre l'ordre public, ennemis de la patrie, altérés du sang de ses enfants, ils ne nous jugeaient pas indignes de faire

faire la première communion à leurs enfants.

Il y aurait eu de la témérité à choisir un dimanche pour la première communion.

Afin d'éviter le tumulte, nous prîmes pour la cérémonie un jour ouvrable sans l'annoncer au public. C'était un des meilleurs moyens à prendre pour qu'elle fut paisible, ou plutôt moins tumultueuse.

Des groupes cependant se formèrent aux portes de l'église, mais nous étions bien gardés, et jamais curés réfractaires ne l'ont été mieux. Des femmes nous gardaient, et jamais, je crois, on en a vu un aussi grand nombre aussi compactement serrées pour s'opposer à l'entrée du chœur de l'église. Il eût fallu les écraser pour arriver jusqu'à nous. Le recueillement, la dévotion ne furent troublés que par quelques clameurs injurieuses, venues du dehors, et auxquelles on fit peu d'attention.

Cependant, ces menaces des patriotes nous donnèrent quelques craintes. On craignit qu'à la rénovation des vœux du baptême, qui, selon l'usage, devait avoir lieu aux vêpres, l'orage qui avait grondé ne finit par éclater, et d'accord avec toutes ces femmes vraiment chrétiennes, nous achevâmes aussitôt toute la cérémonie de la première communion.

L'abbé Blanche habitait une vaste maison. Je m'y rendis avec lui pour recevoir ma part des remercîments que ces mères de famille vinrent nous faire. Des paroisses de Notre-Dame et de Saint-Jean étaient venus vers nous les enfants des mères réputées dévotes, et même un bon nombre d'enfants appartenant à des mères dites patriotes. Toutes ces mères se joignirent à celles de notre paroisse et se rendirent chez mon confrère, où, vu leur grand nombre, elles ne purent entrer que successivement pour nous offrir leurs remercîments.

Pleines de joie et d'allégresse, heureuses du bonheur de leurs enfants, elles parlaient toutes en même temps. Nous comprîmes qu'elles étaient reconnaissantes. Elles déposèrent sur une table divers petits cadeaux; quelques-unes même voulurent nous offrir quelques pièces d'argent, mais nous les leur remîmes affectueusement, en leur disant :

— Mesdames, nous ne pouvons accepter votre argent, car, vous le savez bien, nous ne vendons pas les Sacrements.

Ces dames nous comprirent et n'insistèrent pas.

Cette belle journée nous avait rendus heureux, mais les joies les plus grandes et les plus pures sont souvent mêlées d'un peu d'amertume. Le soir de ce beau jour, des révolutionnaires vinrent faire sous nos fenêtres un charivari où l'on entendait surtout le chant du *Ça ira* et des cris de : Vive la Nation, — A bas les aristocrates.....

Toutes ces scènes révolutionnaires, secondées par des pamphlets qui se succédaient journellement, achevaient de tourner la tête de tant de gens qui ne raisonnent point. Les prêtres fidèles à Dieu n'étaient déjà plus aux yeux du plus grand nombre, que des monstres qu'il fallait exterminer.

XIX. — Une Sommation. — L'évêque constitutionnel était installé à Séez et tout le clergé constitutionnel s'adressait à lui pour les dispenses de bans et de mariage, mais les prêtres réfractaires continuaient de s'adresser à Mgr d'Argentré ou à son vicaire général.

Nous avions publié un mariage pour premier et dernier ban. J'étais de semaine ; le futur vint me trouver le dimanche soir.

— Monsieur l'Abbé, nous nous marierons mardi, s'il vous plaît.

— Votre dispense, où est-elle ?

— Tenez, monsieur l'Abbé.

— Comment ! elle est signée Le Fessier... Vous savez que je ne reconnais pas ce citoyen Le Fessier pour évêque de Séez.

— Qu'est-ce que cela y fait, monsieur ?

— Cela y fait qu'il vous faut une dispense de Mgr d'Argentré ou de son délégué ; sinon, il faudra trois publications.

— Mais les noces sont fixées pour après demain et les provisions sont achetées.

— Envoyez demain à Séez, il s'y trouve

un grand vicaire de Mgr d'Argentré, qui me permettra de vous marier.

— Je n'ai pas besoin de deux permissions. J'en ai une que je trouve bonne.

— Mais à moi aussi il m'en faut une que je trouve bonne.

Il se fâche, m'injurie et s'en va, en me disant : Nous verrons. Des clubistes, des avocats s'en mêlèrent et décidèrent qu'il fallait provoquer par voie de contrainte.

Le temps pressait ; il y avait urgence. Le lendemain m'arrive un huissier, au patriotisme éprouvé, qui, parlant à ma personne me fait sommation de procéder sur le champ au mariage entre N... et N..., à peine de tous dépens, dommages et intérêts. Je lui demande l'original ; il va vite le chercher. Il revient, me le soumet et j'écris au bas : « Je proteste de nullité pour causes et raisons que je déduirai en temps et lieu », et je signe.

Le ministère d'un huissier, en pareil cas, n'était pas la voie la plus courte, ni la plus expéditive. Plaider, c'était donc ajourner la noce, et les futurs le comprirent. Les actes de baptêmes, mariages et sépultures que nous rédigions sur nos registres, étaient alors les seuls, qui constataient l'état civil. Pendant que nous n'étions pas remplacés, la bénédiction nuptiale par moi donnée était encore légale. Comment en finir dans le jour ? pas d'autre moyen qu'un permis de se marier ailleurs. L'abbé Blanche le refusa ; alors on fit entendre aux futurs époux que le curé de Loisé, M. Le-Bec, était curé en titre de Sainte-Croix, et que, s'ils obtenaient de lui une permission, ils pourraient se marier ailleurs qu'à Sainte-Croix. Le Curé de Loisé y fut pris. Il ignorait le motif de notre refus, et il donna aux futurs la permission d'aller se marier devant tel prêtre *approuvé*, qu'il leur plairait de choisir, *servatis servandis*. Cette permission, le curé de Saint-Jean la trouva en bonne et due forme, donna la bénédiction requise, et mon procès en resta là.

CHAPITRE II

Premier départ de Mortagne et retour

XX. — La Fête-Dieu, 23 Juin. — Notre première Fuite, le même Jour. — Le Roi est parti ! A cette nouvelle dont l'effet fut foudroyant, un seul gendarme, à cocarde blanche, aurait fait capituler la *nation* de Mortagne, abattue et consternée. Les pères et les enfants de la Révolution, timides et confus, paraissent s'envelopper la tête : le *Ça ira* ne se fait plus entendre, le club est désert, un nuage de peur et d'effroi se répand sur le visage des uns, un rayon de

joie et d'espérance se montre sur la figure
des autres, et la tempête paraît apaisée.
L'aristocratie triomphe en silence. Il règne,
à l'extérieur du moins, un calme profond,
et un beau soleil semble se lever sur nous.
L'abbé Blanche, à cette vue, s'écrie :
« Tout ce qui est violent ne dure pas...
gardons-nous d'insulter à la défaite de nos
ennemis, ils sont assez punis ».

La nouvelle de la fuite du roi, arrivée à
Mortagne, s'y soutint jusqu'à la Fête-Dieu.
Il était d'usage que, le jour de la Fête-Dieu,
la procession se fît sous la bannière de
toutes les paroisses de la ville réunies : le
doyen des chanoines de la collégiale de
Toussaint portait le Saint-Sacrement. Or
cette fête arrivait dans deux jours.

Si tout le clergé s'y rendait, comme de
coutume, ce serait un pas de fait vers la
concorde. Ainsi l'avaient compris les autorités municipales qui se tenaient en per-
manence à l'hôtel-de-ville.

Sur les huit heures du matin, le jour de
la Fête-Dieu, nous recevons une lettre à
nous adressée par les citoyens municipaux.

« Messieurs, la patrie est en danger, le
« roi est en fuite ; réunissons-nous pour
« arrêter, s'il est possible, des désordres
« incalculables. Nous avons besoin de nous
« concerter avec vous. Votre présence est
« nécessaire à la municipalité et le temps
« presse. Salut et fraternité » (23 juin 1791).

Notre cause nous parut victorieuse et nous eûmes la présomption de croire que nous allions dicter la capitulation. Nous nous rendîmes aussitôt à l'invitation qui nous était faite. Le président du club, l'un de nos marguilliers, présidait à la municipalité. Il nous reçut affectueusement, chapeau bas.

« Messieurs, nous dit-il, vous avez eu
« l'amitié de toute la ville et la mienne. Si
« vous aviez fait comme les autres, vous
« n'auriez pas éprouvé tant d'avanies. La
« division qui existe dans le clergé suffit
« pour aigrir la population, pour armer un
« parti contre l'autre. Ministres d'un Dieu
« de paix, vous pouvez contribuer à la
« rétablir parmi nous ; vous avez aujour-
« d'hui une belle occasion pour arriver à
« une fin si désirable : c'est de réunir,
« comme par le passé, votre procession à
« celle de Notre-Dame ».

L'abbé Blanche répondit :

« Oui, citoyens, nous voulons aussi la
« paix, la concorde et l'union. On nous
« attribue bien des torts, bien des griefs.
« On est parvenu, à force de calomnies, à
« nous mettre en butte au mépris, à la haine
« et à la vengeance du plus grand nombre.
« Cependant nous sommes restés ce que
« nous étions dans le temps où le public
« nous honorait de son estime. Croyez-
« vous, par exemple, citoyens, que nous

« donnons de l'argent pour faire la guerre
« a la France ? Que nous nous réjouissons
« des maux qui affligent la patrie ? Que
« nous nous plaisons à attiser la guerre
« civile ? Que nous voudrions voir couler
« le sang des patriotes ? Ce serait une pré-
« vention bien injuste. Jusqu'à présent,
« nous n'avons fait que suivre l'impulsion
« d'une conscience droite ; nous ne nous
« en écarterons jamais. Que le clergé de
« Notre-Dame et de Saint-Jean qui est
« séparé de l'Église, y rentre, et nous allons
« nous réunir à lui ».

Le citoyen président : — Comment y rentrer ?

— En se rétractant ; nous ne pouvons pas communiquer *in spiritualibus* avec les schismatiques.

Le citoyen président : — Tismatiques... Talibus... Vous êtes responsables des malheurs qui peuvent arriver.

Nous nous retirâmes et nous fîmes notre procession *intrà muros*. Commencée vers neuf heures, notre cérémonie était terminée à onze heures.

Que se passait-il dans l'esprit et dans le cœur des assermentés ? Ce qu'il y a de certain, c'est qu'ils ne firent pas de plus longues processions que nous, et ne sortirent point de leurs églises.

Les hommes les plus fougueux de la Révolution firent alors courir le bruit que les *aristocrates* conspiraient. Les clubistes, les municipaux ne perdirent pas de temps et ordonnèrent immédiatement le désarmement des aristocrates. Du haut de la tribune des Jacobins, un député avait dit que les honnêtes gens n'étaient pas à craindre, et cet orateur avait dit vrai.

Quand même nous aurions eu la pensée de nous défendre, nous n'aurions pas pu raisonnablement nous arrêter à cette pensée. Oser nous battre contre des hordes d'écervelés aurait été une folie, car une seule de leurs divisions suffisait pour nous anéantir. Les honnêtes gens de Mortagne en effet étaient loin d'avoir le courage de ceux de la Vendée !

Après la cérémonie, je venais de rentrer dans ma chambre pour y attendre l'heure d'aller dîner chez M. l'abbé Coupard. Un caporal, horloger de profession, suivi de quatre gardes nationaux, armés de leurs fusils, y entre aussitôt après moi, et, d'une voix foudroyante, me dit : — Vos armes.

Je lui montre mon bréviaire, en lui disant : Les voilà ; je n'en ai point d'autres. Ils fouillent, fouillent et refouillent dans ma couchette, sous le lit, dans l'armoire, dans la cheminée, mais point d'armes. Je n'en avais pas. Ennuyé de fouiller ainsi sans aucun résultat, le caporal se fâche, pose la main sur mon épaule et me dit :

« Petit abbé aristocrate, la tête ne tient pas à grand chose. »

J'étais ému ; je balbutiai d'abord, puis je lui répondis : « Prenez-la tout de suite et emportez-la. » Encore un peu de temps, et j'aurais pu être pris au mot. Nous ne sommes pas encore à la fin.

Le caporal me tendit le poing ; un garde national en fit autant, et ils se retirèrent.

Entre midi et une heure, je me rendis chez M. l'abbé Coupard. L'abbé Blanche, qui s'y trouvait déjà, était en train de raconter une visite domiciliaire qu'il venait de subir, pendant laquelle les gardes nationaux, non contents de l'accabler de menaces et d'outrages, lui avaient confisqué son fusil simple.

Le dîner étant servi, nous entrions dans la salle à manger, quand un coup de canon retentit.… Nous restons immobiles, stupéfaits. Un domestique va voir au portail. Il y avait un grand mouvement dans la rue. Des cris de : Vive la Nation, venaient de la place et les passants se disaient : Le roi est arrêté. Un courrier en effet venait de l'apprendre en traversant la ville à bride abattue.

Le domestique était à peine rentré qu'on secoua la sonnette du portail avec une violence extraordinaire. On courut ouvrir, et une femme, essoufflée et toute haletante, se précipita dans la cour et nous cria par la fenêtre de la salle à manger :

— Sauvez-vous, mes bons messieurs !...
Ils veulent vous tuer..... Sauvez-vous.....
Sauvez-vous.

Dans la milice, comme dans l'administration, il y avait des chefs qui n'avaient du patriotisme que le masque. Honneur et actions de grâces à ces généreux citoyens ! Ils ne se maintenaient dans leur poste et n'affectaient le patriotisme uniquement que pour être plus à portée d'empêcher le mal et de protéger, autant que possible, les persécutés. Dans cette catégorie était M. de la Thuilerie, commandant de la garde nationale. Nous lui dépêchâmes un domestique fidèle pour réclamer sa protection. Il ne put que nous envoyer ces quelques mots écrits au crayon :

« Partez de suite, sauvez-vous, je n'en suis plus le maître ».

Un des murs du jardin de M. l'Abbé donnait sur la campagne.

— Vite, vite, des échelles.

Promptement appuyées des deux côtés du mur, nous montâmes et descendîmes sans peine, mais non sans inquiétude. Nous prîmes route par les champs.

M. l'abbé Coupard avait pour cuisinier en chef un nommé Royer, aux gages de 1,200 francs, sans compter les menus profits. Cet homme, d'un certain âge déjà, s'était toujours conduit exemplairement et avait toujours rempli ses devoirs religieux, mais, depuis quelque temps, il laissait souvent à deux aides qu'il avait le soin de ses fourneaux pour aller lire en cachette le journal de Camille Desmoulins et celui de Hébert, dit le père Duchesne.

Journaux incendiaires! Ils avaient mis le feu dans la tête du cuisinier, et en avaient fait un persécuteur sanguinaire.

Cette journée de la Fête-Dieu, cette arrestation du roi lui fournirent l'occasion de faire connaître la férocité de son caractère. Persuadé que nous avions pris le chemin de Moulins, il prend congé de son maître et disparaît. Où va-t-il? Louer un cheval et charger deux pistolets. Rouge de colère, étincelant de fureur, il enfourche, son cheval et dit : « Soyez tranquilles, je vais bientôt en avoir défait le pays ». Il pique des deux et galope sur le chemin qui conduit à Moulins, où demeurait ma mère, et non loin de là, la sœur de M. l'abbé Blanche.

Nous devions fuir vers Moulins ; telle était notre intention. Celle du cuisinier fut bientôt connue, et nos amis nous pleurèrent, mais le cuisinier avait pris le chemin direct, et nous la traverse.

La probabilité de notre martyre passa bientôt en certitude. Nos amis nous pleurèrent, et notre fin tragique fut portée sur l'aile des vents.

Pendant que les uns en gémissaient, et

que les autres s'en réjouissaient, nous nous
dérobions par les champs en tournant la
ville. Cette brave femme, qui était venue
nous avertir, savait par quelle voie nous
nous étions évadés. Elle avait pu supposer
que nous déboucherions par tel endroit et
s'y était rendue avec plusieurs de ses
fidèles amies. Groupe choisi..... atten-
drissant !

— Ah ! chers messieurs, n'allez pas à
Moulins. Ils courent après vous pour vous
tuer... que le bon Dieu vous conserve !

Elles nous firent leurs adieux dans toute
l'amertume de leurs âmes. Attendris par
tant de marques d'attachement et de
dévouement, nous pûmes à peine leur
répondre, mais les quelques paroles que
nous leur adressâmes leur firent comprendre
que notre cœur était pénétré de la plus
vive reconnaissance. Nous aurions pu leur
dire aussi : Pleurez moins sur nous que
sur la France.

Nous ne connaissions pas encore le projet
de notre cuisinier et nous n'avions pas
même sujet de le craindre, si on en jugeait
par les apparences, car cet homme-là avait
l'habitude de se confesser et de communier
souvent, mais dans cette journée d'effervescence, nous courions risque d'être
arrêtés, et peut-être assassinés par d'autres
que par lui.

La vue des hommes nous effrayait, mais

la vue de nos soutanes que nous n'avions pas eu le temps de déposer, ce à quoi nous n'avions pas même songé, nous effrayait encore plus ce jour-là, car elles pouvaient nous trahir. Nous évitions les chemins, et même les sentiers ; quant aux haies et aux fossés, nous les franchissions.

En sueur, à jeun, fatigués, nous nous enfonçâmes dans un champ complanté de seigle, où nous nous assîmes un instant pour convenir de la route que nous devions prendre. Nous décidâmes d'abord qu'il nous fallait éviter les grands chemins et courir à vue de pays. Pendant que nous étions assis sous un pommier, une corneille passa sur nos têtes et mon confrère pensa au prophète Elie : — Il fuyait la persécution, dit-il, je la fuis aussi ; il s'assit sous un génévrier, et moi je me repose sous un pommier. Il eut faim, et un corbeau lui apporta à manger. Comme le prophète, j'ai faim et cette corneille ne m'apporte rien ; elle passe !... Hélas ! depuis hier encore à jeun !

Mais plus nous serions restés de temps sous ce pommier, plus la faim nous aurait talonnés. Nous reprîmes donc notre course par monts et par vaux. Après avoir marché, ou plutôt couru pendant quelque temps, l'abbé Blanche crut se reconnaître. « Il me semble, dit-il, qu'en prenant sur la gauche nous pourrions découvrir Sainte-

Céronne. Le curé n'a pas juré et je crois qu'il n'est pas encore remplacé. Allons donc par là ». Nous cherchions le clocher de Sainte-Céronne et nous l'aperçûmes enfin... Dieu soit loué ! A force de tourner et de tournailler, nous atteignîmes notre but vers le coucher du soleil.

XXI. — Sainte-Céronne. — Le curé était des nôtres ; nous le connaissions parfaitement. C'était le plus intrépide de tous les curés des environs.

Six heures étaient passées quand nous entrâmes dans sa cour. Il était dans son presbytère à réfléchir sur notre fin tragique, car il croyait que nous avions été assassinés. Ce bruit parvenu jusqu'à lui avait même dépassé Sainte-Céronne et s'était répandu dans toute la contrée.

Dès qu'il nous aperçoit, il sort de chez lui et vient à notre rencontre pour savoir qui nous étions.

— Juste Ciel !... Comment ! c'est bien vous !

Il nous serre dans ses bras et nous introduit dans le presbytère.

— Du pain..... du pain, mon cher curé, nous n'avons ni bu ni mangé depuis hier ; nous mourons de faim.

Il s'empressa de nous faire servir quelques aliments dont nous avions le plus pressant besoin. Je le priai d'envoyer une personne de confiance annoncer à ma mère et à la sœur de l'abbé Blanche que nous vivions, car la probabilité de notre martyre ayant bientôt passé en certitude, la nouvelle de notre fin tragique avait dû être portée jusqu'à Moulins, et là, comme dans tout le pays, on devait croire que nous avions été mis à mort.

Nous étions en train de prendre notre repas, lorsque deux curés du voisinage de Sainte-Céronne entrèrent dans la salle du presbytère ; ils étaient condisciples de l'abbé Blanche. A notre vue, ils restèrent interdits et s'écrièrent :

— Comment ! mes bons amis, vous n'êtes pas morts ! Toute la ville vous croit tués. Nous en venons et c'est sur le bruit de votre mort que nous y sommes allés.

— Pour faire quoi ? dit le curé de Sainte-Céronne.

— Dame ! nous avons eu peur. Nous venons de prêter serment au district.

— Vous êtes des lâches.

Telle fut la brusque réponse du curé qui n'y allait pas de main-morte.

Ces deux prêtres se retirèrent sans rien dire. Peu après, ils rétractèrent leur serment et partagèrent plus tard les souffrances des prêtres cachés et exilés pour la foi.

Bientôt après, arrive un troisième curé, le plus proche voisin de Sainte-Céronne. Il tenait un gros livre sous son bras. Quand il nous reconnaît, il pleure et s'extasie d'étonnement, car lui aussi croyait que nous avions été occis sur le chemin de Moulins. Il reprend ses sens, et s'adressant au curé de Sainte-Céronne, il articule d'une voix entrecoupée : « Mon ami, c'est certain ; j'ai lu qu'il n'y a pas de péché à faire un serment pour sauver sa vie ». Il va pour feuilleter son volume, mais il en est empêché par le curé de Sainte-Céronne, qui lui dit avec vivacité : « Ce n'est pas vrai ; d'ailleurs votre casuiste avait-il connaissance du serment dont il s'agit ? En tout cas, s'il le dit, il ne sait pas ce qu'il dit... » Le bon curé reprit son livre et s'en alla tout piteusement.

Le curé de Sainte-Céronne nous rassura sur les nouveaux dangers que nous pouvions courir et s'offrit à nous garder pendant la nuit. Sur ces entrefaites, nous fûmes informés à Sainte-Céronne de la cause qui avait fait répandre le bruit de notre mort, c'est-à-dire, des faits et gestes de notre cuisinier, et pour cette raison, nous dûmes préférer les ténèbres à la lumière ; c'est pourquoi nous ne nous mîmes en route que très tard, et nous nous gardâmes bien d'approcher de Moulins.

Arrivé à Moulins, le cuisinier ivre de frénésie, ou, si l'on veut, dépité d'avoir manqué son coup, braille à ses frères et amis le motif et le but de son apparition si soudaine : ce sont, dit-il, deux traîtres, qui se sont dérobés au sort qui leur était préparé ; et ces hébétés vont sonner le tocsin.

XXII. — La Burlière. — Mon oncle Bureau. — Dès que le cuisinier de M. l'abbé Coupard fut arrivé à Moulins, il se rendit au club. Aussitôt, il fit le détail de ce qui s'était passé à Mortagne relativement à l'abbé Blanche et à moi.

Il n'eut pas de peine à se faire des séides. Une femme, la femme Crèveux, dont j'aurai l'occasion de parler plus d'une fois, le seconda de toute sa rage de tigresse. Déjà elle croyait mordre dans nos cœurs, et ne put contenir ses criailleries qui retentirent dans tout le bourg. Nous y avions encore des amis. Ils se répandirent en vedettes au loin, sur les chemins qui conduisaient à Moulins, tandis que ma mère pleurait sur son cher fils.

Nous ne partîmes de Sainte-Céronne que vers minuit. Notre marche fut silencieuse et nous prêtions l'oreille, prêts à courir en cas d'alerte.

La sœur de l'abbé Blanche avait pensé que sa maison, située à la campagne, à une demi-lieue du bourg, aurait la préférence sur celle de ma mère, et elle nous avait fait préparer une cachette dans son étable à bœufs, d'où nous pouvions nous échapper, en cas de besoin, par une lucarne qui regardait la forêt. Pensant que nous ne serions pas en sûreté chez la sœur de l'abbé Blanche ou chez ma mère, nous crûmes plus prudent de nous rendre à la Burlière, chez mon oncle Bureau.

Il avait un fils prêtre, aristocrate de première classe, perdu dans Paris. Mon oncle, sa fille Barbe et leur domestique étaient du même calibre : leur curé, leur village l'étaient aussi.

Nous frappâmes à sa porte, quand le jour commençait à paraître. Ce cher oncle ne dormait point et priait pour le repos de nos âmes. L'abbé Blanche fit son entrée en disant : « Nous voilà, le bon Dieu n'a pas voulu de nous ». Les deux filles étonnées pleurent de joie, rendent grâces à la Providence, et une affidée s'achemine vers Moulins, pour annoncer aux nôtres ce que nous sommes devenus. Après quelques détails sur notre aventure, on nous prépara des lits et nous allâmes nous coucher. Par le temps qui courait, pas de retraite plus sûre que le village de la Burlière. Ce village, ainsi nommé du nom de ses habitants, était composé de sept maisons, habitées par des nommés Bureau, à une exception près ; tous parents et amis, tous de la même opinion ; point de traîtres. Autour du village, c'étaient des chemins montueux, étroits, peu fréquentés ; des bois et des taillis. Nous avions trouvé le repos : nous dormîmes jusqu'à midi.

Ma cousine Barbe Bureau, d'un âge mûr, fille toute en Dieu, avait en elle-même cherché des expédients, pour nous garantir des assauts, qui pourraient nous être livrés par quelques-uns de la Nation. Elle nous dit : « Là-bas, il y a une maison qui appartient à notre oncle (encore un Bureau) ; elle est inhabitée, tout près d'un taillis ». Elle nous y conduisit. L'habitation nous parut être posée là tout exprès, pour nous soustraire, sinon aux investigations, du moins à la main des grippe-collets. Adossée à un bois, l'herbe couvrait le seuil ; un mur de refend la séparait d'une étable : dans l'étable, une lucarne s'ouvrait sur le bois. L'abbé Blanche ouvrit de grands yeux : « Vienne la Carmagnole, dit-il, ils ne manqueront pas de s'attaquer à la maison, et tandis qu'ils enfonceront la porte, nous sauterons par la lucarne ; rendons-la praticable et couchons dans l'étable ».

Installés dans notre étable, nous allions prendre nos repas chez mon oncle, dans un bas-côté, porte fermée. Plus de *Ça ira*, plus de criailleries comme à Mortagne ; nous dormions d'un bon sommeil dans notre étable.

XXIII. — M. Dehail, Avocat. — Notre Rentrée a Mortagne. — Nous étions très liés avec M. Dehail et j'occupais une de ses chambres. Aristocrate comme nous, il détestait la révolution. Cependant il avait su par son esprit, sa finesse, sa gaieté, sa camaraderie avec certains patriotes marquants conserver leur amitié.

Procureur de la commune, il fit en notre faveur un plaidoyer.

Le roi avait sanctionné la Constitution civile du clergé comme loi de l'Etat, mais elle était violée à notre égard, puisque nous n'étions pas encore remplacés.

M. Dehail, dans son discours, démontra qu'expulser les prêtres non remplacés, c'était violer la loi ; qu'il n'appartient qu'aux tribunaux de condamner et de punir, et que les citoyens qui s'établissent juges et exécuteurs n'étaient autres que des perturbateurs de l'ordre social, car, disait-il, le bourreau fait son métier, mais l'assassin se met hors la loi.

Ces raisons et autres semblables apportées à la municipalité, au district, et même au club, par des orateurs modérés qui voulaient la liberté, et non l'anarchie, qui pensaient peut-être aussi que tout ce qui est violent ne dure pas, parvinrent, non pas à détruire, mais à calmer momentanément les passions sanguinaires et à suspendre les coups qu'on avait voulu nous porter.

Contrairement à ce qui se passait malheureusement dans d'autres localités, les curés et les autres prêtres constitutionnels de la ville, loin de chercher à nous faire persécuter, plaidèrent aussi notre cause avec zèle, et les arguments qu'ils employèrent, tant bons que mauvais, firent impression et coopérèrent à arrêter au moins pour un temps les fureurs du patriotisme. Sorte de revirement vers le sens commun, mais, dans ce temps d'effervescence, l'opinion publique avait des changements subits et extraordinaires ; elle montait et descendait avec une rapidité vertigineuse.

Huit jours s'étaient à peine écoulés depuis notre fuite, que M. Dehail nous écrivit par un exprès : « Revenez avec nous, on commence à vous rendre justice ; vos ennemis en rabattent, vous n'avez rien à craindre aujourd'hui.... Nous vous attendons ce soir ».

Nous avions peine à en croire nos yeux ; aussi, voulant prendre conseil de la nuit, nous gardâmes le courrier jusqu'au lendemain. Nous répondîmes à M. Dehail que nous étions très reconnaissants de tout l'intérêt que lui et nos autres amis nous portaient, mais qu'il était prudent, pensions-nous, de ne rien presser et d'attendre encore quelque temps. Le surlendemain, le même courrier revint muni d'invitations rassurantes, et même d'instances pressantes : nous le suivîmes.

Nous traversâmes, en plein jour, une partie de la ville : on nous regardait, mais pas la moindre apparence de mouvement :

pas de cris, pas d'injures. Nous regagnâmes tranquillement nos domiciles. Bien, très bien : demain nous dirons la messe.

XXIV. — LES SCELLÉS. — ACTE DE TOLÉRANTISME OBLIGEANT. — Dans notre fuite, si précipitée, le jour de la Fête-Dieu, nous avions laissé le Saint-Sacrement exposé sur l'autel, et nous étions inquiets sous ce rapport. A peine de retour, nous fîmes venir le sacristain, et nous lui demandâmes si le Saint-Sacrement était resté exposé.

— Non, nous répondit-il, le prieur de Saint-Eloi est venu sur les quatre heures et l'a renfermé dans le tabernacle. Le lendemain, il est venu dire la messe à Sainte-Croix, et il a consommé toutes les saintes hosties.

Ce récit était exact. Nous allions donc retrouver notre église non profanée et dans l'état où nous l'avions laissée. L'heure de nos messes était déterminée et fixée, et notre intention était de suivre jusqu'à remplacement la ligne tracée sans nous en écarter.

Le lendemain de notre arrivée, l'abbé Blanche se rend à l'église, à son heure accoutumée, pour dire la sainte messe. Des femmes venaient pour l'entendre, mais des municipaux venaient aussi en même temps. Ces municipaux sommèrent énergiquement ces femmes de se retirer. Prises de peur, elles finirent par obéir à la sommation.

Le sacristain, prévenu de veille, s'était aussi rendu à l'église, mais l'abbé Blanche le trouva causant à l'une des portes avec les municipaux, où ils étaient en train d'apposer les scellés et de s'emparer des clefs que leur remettait notre sacristain.

L'abbé Blanche demeura tout stupéfait. Qu'avait-il à dire ? Rien. Les municipaux l'entendaient ainsi, et leur volonté s'appuyait sur leur nombre ; ils étaient quatre, peut-être cinq, car notre sacristain avait aussi fait connaissance, comme notre cuisinier, avec Camille Desmoulins. Nous étions donc seuls et nous n'avions personne à qui en appeler.

Cependant j'en appelai au curé de Notre-Dame, M. Lemonnier, et je lui demandai la permission de dire la messe dans son église. Ma démarche et ma requête parurent lui faire plaisir. Il m'embrassa affectueusement, me prit par la main, et me conduisit dans la sacristie. Là, il ouvre un buffet et, après y avoir arrangé tout ce qui est nécessaire pour monter à l'autel, il le ferme et me donne la clef en disant : « Toute votre affaire est là-dedans ». Avant de sortir de l'église, il me conseilla de dire tous les jours la messe à la même heure, et de choisir l'heure qui me paraîtrait la plus convenable ; puis, me montrant une des cordes qui pendaient dans la tour : « Vous sonnerez votre messe avec cette cloche, me dit-il, et ceux de votre opinion le sauront bientôt ».

Ceux de mon opinion... c'était la majorité des habitants de la ville, qui ne voulaient plus communiquer avec les prêtres assermentés.

De la part de M. le Curé de Notre-Dame, c'était là vraiment une grande bienveillance, et une tolérance peu ordinaire entre deux partis dont l'un était excommunié par l'autre.

Dans une bataille, où les vaincus terrassés, écrasés, semblent menacer encore, comment ne pas s'attacher au vainqueur qui vous prend en pitié, qui vous relève, qui vous embrasse, qui met à votre disposition tout ce qui dépend de lui ! Excellent prêtre ! ce curé de Notre-Dame, oui, excellent prêtre ; car il a noblement réparé sa faute.

J'ai regretté de ne pas avoir été à portée de lui donner des témoignages de mon amitié et de ma reconnaissance ! Après le Concordat, il a quitté le diocèse de Séez et s'est retiré dans le diocèse de Versailles, où il est mort simple desservant. Excellent prêtre ! Je le répète, et j'aime à le redire encore en mémoire de son édifiante expiation. Mais mon confrère, lui, comment s'en tirait-il ? Il y avait à Mortagne une collégiale de chanoines appelée communément la collégiale de Toussaint. Ces chanoines, non fonctionnaires publics, n'étaient pas tenus au serment et leur église n'était pas encore fermée. L'abbé Blanche y jouissait d'une chapellenie en titre et il s'y glissait, pour y dire la messe, comme à la dérobée. Son titre de chapelain de Toussaint lui attira, dans la suite, une occasion de payer un nouveau tribut à la peur, et où il put dire encore une fois : le bon Dieu n'a pas voulu de moi.

XXV. — Qu'il y a des Gens d'esprit qui sont bêtes. — Celui qui a écrit : le plus sot animal, à mon avis, c'est l'homme, n'a peut-être rien exagéré. L'anarchie a-t-elle jamais régné parmi les bœufs, les tigres, les volatiles ; en un mot, parmi les animaux de la même race ? Quelques coups de bec, quelques coups de griffes, et quelques coups de cornes par-ci par-là ; mais l'harmonie des basses-cours et des pâturages n'en est pas troublée. Dans les forêts, les familles des animaux les plus féroces ne s'entr'égorgent pas. Et les vautours entre eux vivent en paix ! et les hommes s'entretuent ! Dès 1789 nous étions dans le siècle qu'on a appelé : *le siècle des lumières*. Des hommes d'esprit, de génie, disait-on l'avaient amené ! ils avaient *prouvé* que le *despotisme*, que le *fanatisme* étaient un fléau ; que la liberté et l'égalité étaient dans les droits de l'homme et que la raison était l'unique flambeau qui devait éclairer l'univers !

Mais savaient-ils que l'abus de certains mots produisait des paradoxes, et que les paradoxes politiques surtout enfantaient des passions politiques ? Savaient-ils que ces passions, une fois déchaînées et sans frein, deviennent des torrents qui, dans leur course précipitée, renversent et entraînent tout l'édifice social ?

Ils ignoraient qu'eux-mêmes creusaient un abîme qui les engloutirait, comme nous l'avons vu. Mais j'oublie qu'il me suffit de raconter les faits. Seuls et par eux-mêmes, ne parlent-ils pas assez hautement ?

Je reviens aux scellés apposés par quatre officiers municipaux sur les serrures des portes de notre église de Sainte-Croix. Des bandes de papier collées sur les trous de deux serrures dont on emporta les clefs, le firent savoir à tous, présents et à venir. Consignes inviolables, elles furent respectées.

Que faisions-nous, mon confrère et moi ? Dès le matin nous allions, lui à la Collégiale et moi à Notre-Dame, et nous rentrions chez nous, le plus tôt possible, pour n'en sortir que le soir. Pendant la nuit nous visitions et administrions nos malades.

Ne remplissant plus de fonctions publiques, nous n'étions sérieusement inquiétés que par intervalles, quand des bouffées d'effervescence étaient provoquées, ou par quelques libelles ou par la calomnie. Les plus grands esprits étaient sujets à des accès de fièvre chaude qui les rendait plus fous et plus méchants, et ce pauvre peuple, qu'ils avaient endoctriné, qu'ils tenaient pour ainsi dire dans leurs mains, était l'instrument qu'ils faisaient agir à volonté.

L'ordre social était alors organisé comme une machine à vapeur chauffée, mais mal construite, et toujours prête à faire explosion.

XXVI. — L'Évêque constitutionnel a Mortagne. — Les citoyens, qualification qui se donnait alors à tout le monde, même aux évêques, les citoyens Le Fessier, Cucu, Malassis, viennent se faire voir aux habitants de Mortagne.

Les cloches de Notre-Dame et de Saint-Jean, par de joyeuses volées, annoncèrent leur arrivée aux patriotes de la ville. On avait nettoyé l'antre de l'égalité pour les y recevoir. Tout y était aux trois couleurs. Point de croix, point de bannières au-devant de l'illustre citoyen ; le clergé constitutionnel ne bougea pas et la réception eut lieu au club, où il y eut force accolades et poignées de main. Les expansions de fraternité une fois remplies, le citoyen évêque débita un sermon en deux points : le civisme, premier point ; le serment, deuxième point. Les aristoscrates, en général, et les réfractaires, en particulier, sont une plaie gangrenée qui ronge le cœur de la patrie.

Le discours est à peine terminé qu'un des assistants s'écrie :

— Citoyen président, je te demande la parole.

Le président. — Tu as la parole.

L'assistant. — Les aristocrates jouent encore au piquet et au reversi. Je demande que tous les soirs on les régale d'un petit air.

Des bravos accueillirent cette motion, et l'évêque de l'Orne n'en parut pas fâché.

On se rendit ensuite chez le président du club pour prendre part à un banquet offert par les frères et amis aux citoyens Le Fessier, Cucu et Malassis. Les grandeurs, quelque élevées qu'elles soient, sont toujours limitées ; rien d'étonnant, si l'égalité a ses bornes. Aussi les riches s'assirent au banquet et les gueux s'en allèrent à leurs marmites sans se plaindre, et en chantant le *Ça ira*.

Le président du club, receveur marguillier de notre paroisse, avait oublié de nous inviter, mais il n'oublia pas sans doute d'apprendre au citoyen évêque que les deux desservants de Sainte-Croix étaient des aristocrates et des réfractaires.

Que firent ensuite à Mortagne Le Fessier

et ses deux grands vicaires ? Quelques visites à quelques révolutionnaires de haute marque ; puis, après avoir reçu à l'auberge la visite des curés et prêtres constitutionnels, ils montèrent en voiture.

XXVII. — UNE AUBADE. — A partir de ce moment, un épouvantable charivari, mêlé d'un terrible *Ça ira*, éclata alternativement aux portes et sous les fenêtres des nobles et des bourgeois mal notés. L'abbé Blanche et moi, nous ne fûmes pas épargnés. M. l'abbé Coupard, en sa qualité d'abbé commendataire, en considération de ses richesses, et comme récompense de ses abondantes aumônes, obtint en outre une aubade au grand complet.

Jusqu'à ce jour, les patriotes de Mortagne avaient eu infanterie et cavalerie, mais ils n'avaient point eu d'artillerie. Comme ils avaient bien mérité de la patrie, on leur envoya un canon. En faire l'essai fut à l'ordre du jour.

Un soir, les sans-culottes de la ville chargent solidement leur canon à poudre, s'attèlent sur le train, et traînent ainsi leur pièce, en chantant confusément :

Dansons la Carmagnole,
Vive le son, vive le son,
Dansons la Carmagnole,
Vive le son du canon.

Où se proposaient-ils de se rendre ? A l'hôtel de M. l'abbé Coupard, qui, à cette heure-là, tenait salon. Neuf heures allaient bientôt sonner, et la société était sur le point de se retirer.

Accoutumés aux avanies, le chant de la *Carmagnole* ne nous causait qu'une légère impression, mais nous ne savions pas qu'ils avaient leur canon avec eux. Survient tout à coup une horrible détonation, et cette détonation, à laquelle nous ne nous attendions pas, produisit sur nous l'effet le plus terrible. Les vitres volèrent en éclats ; les chaises, les tables, la vaisselle et les autres meubles furent secoués, les hommes tremblèrent et les dames s'évanouirent, pendant que la bande des sauvages, hurlant des chants révolutionnaires, sautait de joie dans la rue.

Parmi tant d'êtres dégradés, il s'en trouvait de plus dégénérés encore ; c'étaient des pauvres que nous avions vêtus et nourris avec les aumônes de M. l'Abbé.

Nous passâmes la nuit à gémir sur nos malheurs et sur ceux de la France.

XXVIII. — Caricatures. — Des caricatures contre les aristocrates et les prêtres réfractaires étaient alors affichées publiquement, sinon par ordre, du moins avec la tolérance des autorités révolutionnaires, et rien n'était plus propre à exciter les passions politiques.

C'était un sans-culotte qui tenait au collet un beau monsieur, et lui donnait un soufflet.

C'était une Cendrillon qui arrachait à une belle dame ses boucles d'oreilles.

C'était un chevalier de Saint-Louis, qui demandait l'aumône, et recevait des coups de bâton.

C'était un autre chevalier de Saint-Louis qui était traîné par les cheveux dans la boue.

M. l'abbé Coupard, l'abbé Blanche, moi et plusieurs autres nous étions représentés dans nos costumes habituels, perchés sur les branches sèches d'un grand arbre. Des gardes nationaux en uniforme nous ajustaient avec leurs fusils..... « A bas les corneilles ! »

Derrière un chevalier de Saint-Louis, bien vêtu, décoré de sa croix et se tenant sur le seuil d'une maison, était une ménagère coiffée du bonnet rouge, qui le poussait avec un balai, en disant : « Sors d'ici, aristocrate ».

Au bas de chaque caricature étaient placés en gros caractères, des écriteaux injurieux. Où devait s'arrêter cette sauvagerie ? Hélas ! nous l'ignorions. L'enfer semblait déchaîné et la fièvre révolutionnaire était excitée par tout ce que Satan pouvait inventer.

Je ne sais si on peut s'accoutumer aux épreuves, mais je crois savoir, par ma propre expérience, que plus elles se renouvellent et sont terribles, plus aussi elles s'usent et amènent l'apathie.

Déjà notre position n'était plus guère tenable : parfois nous nous disions, l'abbé Blanche et moi : fuyons cette terre qui dévore ses habitants. Mais comment nous séparer volontairement de celles de nos ouailles, qui nous étaient restées fidèles ? Et c'était le grand nombre. Pourquoi désespérer sitôt d'un meilleur avenir ? Nous disions encore : tout ce qui est violent ne dure pas. L'espérance en effet donne du courage et console, et puis le bon pasteur donne sa vie pour ses brebis. Cependant, à tout événement, nous nous occupâmes de nos affaires pécuniaires.

XXIX. — Nos Créances. — Voyage a Alençon. — Créanciers sur l'Etat par la grâce de la Constitution civile du clergé, il nous était dû depuis un an 2,400 francs tant pour mon collègue que pour moi, et à ce sujet le district de Mortagne nous envoyait à Alençon.

L'abbé Blanche s'arrouta donc pour Alençon afin de réclamer un mandat. Il se présenta au Directoire de l'Orne dans un jour néfaste. Repoussé brutalement, il vint m'apprendre que, faute de je ne sais quelles pièces qui lui manquaient, il avait été éconduit.

Ces pièces essentielles, nous nous les

procurâmes, et, en les recherchant, nous apprîmes une chose qui nous fut très avantageuse pour la réussite de notre affaire : c'était que M. Le Veneur, membre du district d'Alençon, était spécialement chargé des affaires du clergé du département, et que ses principes étaient loin de nous être hostiles. Un avocat de Mortagne, ami de M. Dehail, nous conseilla de nous adresser à lui.

C'était à mon tour de faire le voyage d'Alençon. Je louai un cheval, et immédiatement après mon arrivée, je me rendis chez M. Le Veneur. Il était dans sa chambre. Après avoir examiné les pièces que je lui produisis, il ne fit pas la moindre difficulté de me délivrer un mandat de 2,400 francs, somme sur laquelle nous ne pensions pas devoir compter. Ce mandat n'était payable que sur le *vu* du district de Mortagne avec ces mots : *Bon à payer.* Je l'obtins à Alençon avant midi, et j'étais de retour à Mortagne le soir du même jour avant même le coucher du soleil.

Il ne me fallait plus pour toucher que le visa des administrateurs du district de Mortagne. Comme les bureaux du district n'étaient pas encore fermés, à peine descendu de cheval, je m'y rendis promptement par le chemin le plus court. Quatre citoyens s'y trouvaient encore. Ils me dirent : « Il vous faut une requête. Où est-elle ? »

— Eh bien ! citoyens, leur dis je, si vous me le permettez, je vais la faire ici. Ils se regardèrent, comme pour se consulter. Un des membres du district, cet avocat qui nous avait conseillé de nous adresser à M. Le Veneur, dit : « Eh ! pourquoi pas ». Ma requête fut bientôt rédigée. L'avocat posa le visa et me dit en riant :

— Emportez donc toute la caisse.

Du même pas je courus chez le payeur. Je le connaissais particulièrement, ainsi que sa façon de penser du district : j'allai à son hôtel. Si tard ! me dit-il. Je lui en dis la raison ; il ne fit pas difficulté de me conduire à sa caisse. Les assignats étaient la monnaie courante, et les écus avaient disparu. Il prend une poignée d'assignats de 5 francs, il la rejette et dit : ceux-là sont pour les jureurs. Quatre assignats de 500 francs, deux autres de 200 font le compte ; il me les donne et ajoute : Que le bon Dieu vous conserve ! Il y avait encore de bien bons citoyens dans les hautes places ; les boute-feux étaient au club.

J'avais parcouru dix-huit lieues et mes démarches étaient couronnées d'un succès, sur lequel l'abbé Blanche ne comptait pas plus que sur mon retour pour ce soir-là. De la caisse j'allai chez lui. Surpris de me voir, il me dit : « Déjà sitôt revenu..... Eh bien ! Où en est notre affaire ? » Je lui répondis par deux assignats de 500 francs et par un autre de 200 francs, et j'ajoutai : « J'en ai autant ».

Nous fûmes de belle humeur ce soir-là. Nos assignats, nous ne les gardâmes pas vingt-quatre heures. Ils ne perdaient encore que un pour cent et nous nous trouvâmes heureux de pouvoir les changer pour des écus.

XXX. — Un Marchand de Fer, Électeur des Curés. — Restait à percevoir ce qui nous était dû par la fabrique. Elle nous devait à chacun 500 francs. Bagatelle ! nous n'y pensions guère. Riches de 1,200 francs, la soif des 500 francs nous brûla. Douze et cinq font dix-sept. L'amour de l'argent, dont nous pourrions avoir grand besoin une fois remplacés, nous fit faire ce calcul.

Notre marguillier comptable était sans condredit très solvable, mais comment l'aborder ? Il était le président du club. Ses vastes appartements, sa belle cour possédaient la tribune aux harangues.

Je dis à l'abbé Blanche : « Allez chez lui, si vous voulez ; pour moi, je n'y irai pas ».

— Pas d'embarras, me répondit-il ; écrivons-lui.

Nous lui écrivîmes poliment, mais il ne répondit pas. Une seconde lettre ne fit pas plus d'effet.

— Il faut bien y aller, dit l'abbé Blanche..... Eh bien ! Tirons au sort.

Le sort me tomba.

Ce jour-là même, les électeurs étaient réunis dans l'église Notre-Dame pour procéder au remplacement des curés réfractaires, sous la présidence de notre digne marguillier.

— Il faudra bien, dis-je, qu'il me réponde..... oui, j'irai le trouver à son fauteuil..... pourquoi pas. Il y aura des électeurs qui me soutiendront. Tous ne sont pas des enragés..... profitons de l'occasion.

Epris de cette ferme résolution, j'entrai dans l'église. On me faisait place, mais un électeur de Tourouvre, d'une taille et d'une force extraordinaire, vint droit à moi, me toisa du regard, me prit par les épaules, et me poussa vers la porte, en disant :

— Que viens-tu faire ici ? Viens-tu salir notre pavé ? Va-t-en, et qu'on ne t'y revoie pas.

Force à moi de me retirer ; ce que je fis avec un lourd fardeau sur le cœur. Quand j'eus instruit l'abbé Blanche de cette aventure, il prit le parti prudent et sage d'aller attendre en maison tierce que la séance fut levée pour être à portée de s'adresser au président à sa rentrée chez lui. Il n'attendit pas longtemps, car l'élection s'était faite au pas de course. Son expédient lui réussit.

— Il me faut une décharge, lui dit le président ; je ne suis pas obligé d'aller la chercher.

L'abbé Blanche la lui donna, et revint bien content avec une quarantaine d'assignats que nous partageâmes.

Dès que je fus rentré à ma chambre, tout préoccupé encore de l'affront que j'avais reçu à Notre-Dame, j'écrivis aussitôt au président à peu près en ces termes :

« Citoyen président, si les partisans de la « liberté en sont les oppresseurs, comment « le règne de la liberté pourra-t-il se main- « tenir? si j'ai commis quelques crimes, « réels ou supposés, c'est aux tribunaux « qu'il appartient de me condamner ou de « m'absoudre. De quels droits le citoyen « Levaillant, électeur, marchand de fer à « Tourouvre, est-il venu ce matin m'expul- « ser avec violence, insolence et brutalité, « d'un lieu public, où s'est faite l'élection « que vous avez présidée. C'est à vous à « juger, si, en insultant ainsi un homme « inoffensif, cet électeur, qui heureusement « n'est pas de la ville, n'a pas, en agissant « ainsi, fait la même insulte à tous ceux qui « composaient l'assemblée. Assurément une « telle conduite de la part d'un électeur « patriote ne peut être que préjudiciable à « la l berté naissante. »

Cette missive imprudente, dictée par un orgueil blessé, porta son fruit. Elle fut lue et commentée au club, et elle eut pour résultat d'amplifier l'énumération de nos méfaits.

XXXI. — LE SUCCESSEUR DE M. LE CURÉ
DE LOISÉ. — Dans la section électorale du
ressort de Mortagne, les réfractaires furent
remplacés par des élus constitutionnels. Les
desservants de Sainte-Croix demeurèrent
inaperçus, et leur église resta sous les scellés.

L'abbé Muteau, prêtre assermenté, ancien
vicaire de Saint-Jean, installé depuis quelque temps en qualité de lecteur du club,
sortit de l'urne électorale avec le titre de
curé de Loisé.

Domicilié autrefois dans notre paroisse
avant son élévation au sacerdoce, il y portait
le surplis, étant clerc-tonsuré. Il avait
étudié à Saint Sulpice, et ses vacances, il
les avait toujours passées à Mortagne.

A Noël 1788, s'étant présenté à Séez pour
le sous-diaconat, on l'interrogea, mais il ne
fut point admis. Cet abbé était fils du
médecin de M. l'abbé Coupard.

Comme M. l'abbé Coupard jouissait d'un
grand crédit auprès de Mgr d'Argentré, il fut
permis à l'abbé Muteau de prendre de mes
leçons et de se représenter aux examens. Il
fut mon élève pendant six mois, et il en sut
assez pour être admis au sous-diaconat.
Sous-diacre, il put voler de ses propres ailes.
Il devint prêtre et s'en alla vicaire à Saint-
Jean sans en avoir fait part à son ci-devant
maître.

Le lendemain de son élection à la cure de
Loisé, il m'aperçut comme j'allais chez

M. l'abbé Coupard. Il vint à moi et me dit :
« *Bonjour, monsieur l'Abbé* », puis il ajouta :

— Il y en a qui disent que je serai
damné ; mais si je suis damné, je le serai
de bonne foi.

Il changea bientôt sa soutane contre une
robe d'avoué. Chargé au-dessus de ses
moyens, il la vendit et mourut apostat.

XXXII. — Récapitulation de nos prétendus Crimes. — Cette récapitulation eut
lieu au commencement d'août 1791. Continuellement harassés, injuriés, poursuivis,
nous n'avions été qu'une fois sérieusement
exposés à perdre la vie, mais nous n'étions
encore qu'au premier anneau de la chaîne
des dangers qui nous menaçaient. Nous
fûmes, en effet, dans la suite à deux doigts
de l'échafaud et de la prison, et une fois
empoisonnés, mais le bon Dieu ne voulut
pas de nous, comme disait l'abbé Blanche.

Désormais, pasteurs sans église et sans
troupeau, brandons de discorde, les patriotes
proclamaient hautement qu'on nous avait
soufferts trop longtemps ; aussi quelques
jours après le sermon épiscopal, il fut
procédé à l'étalage des griefs dont nous nous
étions rendus coupables. Voici l'énumération des principaux : je n'ai pas entendu
dire qu'on nous eût accusés de faire la
grêle, c'est sans doute parce que pour faire
la grêle il fallait être trois, et que nous

n'étions que deux ; il ne fut donc pas question de la grêle, mais :

1° Nous avions défendu aux jeunes filles d'épouser des patriotes ;

2° Nous avions fanatisé certaines femmes et nous avions refusé l'absolution à certaines dévotes qui avaient des maris patriotes ;

3° A l'occasion de la première communion nous avions fait affoler plusieurs mères. De plus, nous avions accaparé tous les enfants de la ville pour cette cérémonie, et nous en avions fait autant d'aristocrates ;

4° Le jour de la messe en plein vent, nous avions craché sur l'arbre de la liberté et on nous avait vu insulter d'une fenêtre ce vicaire de Notre-Dame qui avait dit la messe sur l'autel de la patrie ;

5° A la journée des quinze cents brigands, nous nous étions moqués d'un citoyen qui aiguisait sa faulx, et puis la venue de ces brigands, qui devaient venir à Mortagne pour y mettre tout à feu et à sang avait excité notre joie, car on nous avait vu rire ;

6° Nous avions envoyé de l'argent à l'armée des princes ;

7° Nous avions péché contre la nation... Si nous avions refusé d'assister à la procession de Notre-Dame, le jour de la Fête-Dieu, c'était pour allumer la guerre civile, etc. etc.

Tout cela se débitait au club et circulait en ville. Les esprits, déjà si prévenus, les têtes déjà si montées contre nous devaient bientôt faire explosion : c'est ce qui arriva.

CHAPITRE III

Départ définitif de Mortagne
Installation à la Burlière et aux environs

XXXIII. — Adieu Mortagne. — Les charivaris répétés sous les fenêtres de M. l'abbé Coupard, les imprécations, les menaces, le canon avaient, en quelque sorte, posé les scellés sur l'entrée de son salon ; plus de soirées. Cette société qui les composait habituellement, naguère si agréable, si bien choisie, était réduite à un triste et morne isolement. Nous nous rendions encore quelquefois chez M. l'Abbé, mais ce n'était qu'à la dérobée. De même, nous n'osions pas fréquenter nos autres connaissances, et s'il nous arrivait parfois de les visiter, ce n'était que pendant la nuit.

Le délire et la fureur augmentaient de jour en jour, le règne de la Terreur allait surgir du sein des Jacobinières, et des avanies de tout genre nous attendaient à tout moment.

— Secouons la poussière de nos pieds et sauvons-nous : allons à la Burlière, chez mon oncle Bureau.

Nous n'avions guère que quatre lieues à faire pour nous rendre chez lui.

Nous recommandâmes nos fidèles, et particulièrement nos malades aux Pères Capucins. Leur couvent, situé sur notre paroisse, n'était pas très éloigné de notre église, et l'accès en était facile et commode. Nous fîmes nos malles le 13 août, mais avec l'intention de rester encore la journée suivante. Nous ne voulions pas partir sans faire nos adieux à nos amis, car nous en avions encore.

Il y aurait eu de l'imprudence à fuir pendant le jour, et par une nuit du mois d'août, il était encore dangereux de s'exposer à la rencontre des moissonneurs, qui venaient en foule des campagnes pour se louer à la ville. Nous prîmes conseil de la prudence ; elle nous fit entendre que deux hommes, en temps ordinaire, sont plus en sûreté qu'un seul ; mais que, dans la crise actuelle, le plus sûr était de nous séparer. Le lendemain 14, sur les dix heures du soir, un malade m'appela. Avant de me rendre auprès de lui, je dis à l'abbé Blanche : « Partez de suite ; je partirai demain à la même heure pour vous rejoindre ». Le 15, fête de l'Assomption, je passai la journée dans ma chambre, et je n'en sortis qu'entre neuf et dix heures du soir. Je n'étais qu'à deux pas de l'hôtel de M. l'abbé Coupard. Comme tout était silencieux, je crus qu'à cette heure je pourrais, sans danger, aller faire mes derniers adieux à un de mes meilleurs amis. En face de l'hôtel de M. l'Abbé, il y avait une maisonnette où résidait une famille de pauvres gens que j'avais assistés fréquemment des aumônes de M. l'Abbé pendant tout le temps où nous vivions en paix. Il n'y avait guère que huit jours que le chef de la maisonnette m'avait fait appeler. Il était, me disait-on, dangereusement malade.

Je le trouvai sur ses jambes, et je crus m'apercevoir qu'il se portait bien : cependant il m'assura qu'il était malade et que sa femme et ses enfants étaient sans pain. Je lui laissai une pièce de six francs tirée de ma poche. Ce soir du 15 août, cet homme était à sa porte et me dit : Bonsoir. Etait-il là par hasard ? N'avait-il point entendu parler de mon départ ? Espionnait-il ? Je l'ignore encore. Toujours est-il qu'il me vit entrer et qu'il vit le portail se fermer sur moi.

Sur les onze heures, les chants confus du *Ça ira* et de la *Carmagnole* approchaient ; nous les entendions distinctement. Bientôt la sonnette du portail fut secouée avec violence, et ce fut pour moi le signal du *sauve qui peut*. Un domestique leur cria :

— A cette heure, tout le monde est couché.

— Ouvre..... Ouvre..... répondirent-ils.

— Attendez au moins que j'aille leur dire de se lever.

Dans le bûcher était un tas de bois très

élevé ; un domestique fidèle et rusé y applique vite une échelle, j'y grimpe, je dérange quelques bûches, et je me blottis dans l'enfoncement. L'échelle est aussitôt retirée et portée sur ce même mur que nous avions escaladé le jour de la Fête-Dieu. En cinq minutes, le tour fut joué ; puis on alla ouvrir le portail.

« Entrez, citoyens ». Le portail s'ouvre à deux battants : une troupe de forcénés se précipitèrent dans les appartements, et se mirent à chercher et à fouiller en se livrant aux injures, aux menaces et aux outrages contre M. l'Abbé. Le malheureux, l'ingrat que j'avais assisté huit jours auparavant, s'égosillait à crier en trépignant : « Cherchez..... cherchez bien..... il est là, l'aristocrate. Je l'ai vu entrer..... oui, je l'ai vu entrer ce soir..... C'est lui qui a voulu, l'autre jour, me donner six francs pour me confesser ».

Le domestique, qui ne les avait pas quittés, ne perdit pas la tête. S'adressant à plusieurs, il leur dit :

« Pas tant d'embarras, suivez-moi, je vais vous mettre sur ses traces ».

Ils le suivirent et il les conduisit au pied de l'échelle qu'il avait appuyée sur le mur.

« Voyez, leur dit-il, c'est par-là qu'il s'est sauvé..... courez après ». Ils revinrent vers leurs camarades et leur dirent : « Il a sauté par-dessus le mur qui donne sur la campagne ; *j'avons vu l'échelle* ».

Ils savaient qu'une première fois nous nous étions sauvés par-dessus ce mur-là. Supposant que cette dernière évasion s'était opérée comme la première, ils se retirèrent.

C'était à mon tour de me retirer. Je le pouvais, mais non sans peine.

La maison qui joignait immédiatement celle de M. Dehail, chez lequel je demeurais, était habitée par les demoiselles Desperriers, qui étaient d'une grande piété et d'un dévouement à toute épreuve. Leur jardin était séparé de celui de M. l'Abbé par un mur assez élevé. Il me fallait d'abord grimper sur ce mur. Je n'avais que cet expédient pour éviter la rue. Pas d'autre issue clandestine pour parvenir à ma chambre, issue parfaitement clandestine, dans ce sens qu'après avoir escaladé leur mur, il me faudrait sauter par-dessus leur cuisine. Je fis appliquer une échelle sur ce mur ; parvenu au haut, je m'y affourchai, mais j'avais une tâche assez difficile à remplir : celle de monter mon échelle d'un côté, pour la descendre de l'autre et pour réussir sans accident, il me fallait du courage, de la force et de l'adresse.

J'entendis ces paroles prononcées à voix basse dans les ténèbres : « Par ici, monsieur l'Abbé, par ici..... nous avons une échelle ».

Elles étaient-là, les bonnes demoiselles, au pied d'une échelle qu'elles avaient fixée de manière à ce qu'elle ne glissât pas. J'eus d'autant plus besoin de ce secours, que du haut du mur où je me trouvais, il m'eût été très difficile, pour ne pas dire impossible, de faire descendre une échelle sur le solide.

Je tins mon mur entre mes jambes, je me traînai jusqu'à l'échelle des deux sœurs, qui, quand j'eus pris terre dans leur jardin, m'accueillirent en ces termes : « Allez, monsieur l'Abbé, le bon Dieu vous gardera ». Pleines de confiance dans la divine Providence, elles s'offrirent à me cacher, à me bien cacher, me dirent-elles. Grand merci, belles âmes, l'abbé Blanche m'attend et je vais le rejoindre avant le jour. Il était près de minuit.

Près de trois ou quatre lieues à parcourir, je n'avais pas de temps à perdre, car les nuits étaient courtes. En sortant par la rue, je n'avais qu'un saut à faire pour sonner à la porte de M. Dehail : mais quand viendra-t-on m'ouvrir ? Et pendant que je serai à attendre, ne serais-je point encore exposé à de nouveaux dangers ?

Ma chambre, où se trouvait mon menu mobilier et mon petit trésor, je pouvais y parvenir, sans éveiller personne.

Au bas du jardin de M. Dehail, il y avait un pavillon où se trouvait la chambre que j'occupais, et dans le jardin des deux sœurs, en regard de mon pavillon, était un bas-côté servant de cuisine. Entre l'un et l'autre il n'y avait pas plus de distance que la largeur d'une cheminée. Sauter par-dessus la cuisine des demoiselles Desperriers, c'était le vrai moyen de gagner ma chambre sans bruit et sans autre danger que celui de dégringoler. Je l'entrepris, malgré tout ce qu'elles purent me dire pour m'en détourner.

Je me munis d'une lanterne sourde que je fixai à ma ceinture, sur le côté gauche ; puis, grâce à l'échelle qui venait de me servir, je pus atteindre facilement le haut de la couverture. J'étais au haut, mais comment descendre ? Les demoiselles Desperriers en tremblaient, car je pouvais glisser sur les tuiles. Pour éviter ce malheur auquel j'étais grandement exposé, j'en brisai quelques-unes avec mes pieds et mes mains, et j'eus ainsi une échelle de lattes.

Arrivé au bas de la couverture, sans autre inconvénient que ma soutane et mes doigts déchirés et mes pieds écorchés, il me restait une autre escrime à faire, à laquelle je n'étais pas accoutumé. Le pignon de ma chambre et le mur de la cuisine se regardaient, pas plus distants l'un de l'autre que les parois d'une cheminée ; mes épaules contre la muraille, mes genoux sur le pignon, je descendis jusqu'en bas, à la manière des ramoneurs.

16 août 1791. — Je n'employai dans ma chambre, pas plus de temps qu'il ne m'en fallait pour passer une redingote, et pour écrire sur un billet pour M. Dehail ces quelques mots : « Il est une heure moins le « quart. Je pars de suite, car les nuits sont « courtes... adieu... adieu. Les demoiselles « Despérriers et les tuiles qui gisent dans « votre parterre, vous apprendront ce matin « ce que je n'ai pas le temps de vous « raconter. Vous aurez la bonté d'envoyer « à ma mère mes meubles et mes autres « effets... Adieu... adieu, mes chers amis. « Adieu à Mortagne. » Je fixai solidement ce billet sur la lanterne que je posai près de la porte par laquelle je sortis.

Le matin, la domestique trouva la porte déverouillée ; elle vit les tuiles cassées. Troublée, elle courut à l'appartement de ses maîtres et leur remit le mot d'écrit qu'elle avait trouvé à l'endroit où je l'avais mis. A son lever M. Dehail aperçut de sa chambre les lambeaux de ma soutane qui pendaient aux lattes de la couverture.

« Ma femme, viens voir..... tiens, vois-tu des chiffons noirs sur la couverture..... des lattes à découvert. Nous disions bien qu'il se sauverait par le jardin de ces demoiselles, mais qui aurait deviné qu'il prendrait cette route-là ? »

Sans doute, j'aurais pu m'évader comme la première fois par les champs, mais le domestique ayant dit : « C'est par là qu'il s'est sauvé, courez après », je devais courir du côté opposé.

Quand je mis le pied dans la rue, il était près d'une heure. Je m'esquivai de Mortagne à la lueur des étoiles. J'évitai de traverser la grande place, et je pris par la voie la plus courte et la moins fréquentée le chemin de la Burlière, où je devais retrouver l'abbé Blanche. Comme j'approchais de Champeaux, j'aperçus une compagnie de moissonneurs qui venaient à ma rencontre. Ils s'avançaient vers moi hardiment, mais j'allais à eux, talonné par la peur. Quelques-uns en effet auraient pu me connaître, mais le jour heureusement n'était pas encore très grand.

Quand ils furent près de mois, un d'entre eux s'écria : — Tiens ! c'est le curé de Champeaux. C'est un bon..... citoyen, c'li-là, mais si matin !

— C'est qu'il vient de voir sa malade, reprit une femme.

— Monsieur le Curé, comment va la mère Jeanne ?

— Pas bien, ma bonne femme.

Et j'ajoutai, en m'essuyant le visage :

— Bonne chance, mes amis, je vais dormir.

— Bon repos, monsieur le Curé..... Vive la Nation !

Je hâtai le pas pour arriver chez mon oncle Bureau où je trouvai l'abbé Blanche au lit. Mon cher confrère avait bien dormi, et moi j'avais fait quatre lieues, mais sans être poursuivi, ni inquiété, ce qui était une bonne fortune.

Ma cousine Barbe et sa domestique avaient disposé convenablement la maison inhabitée dont j'ai déjà parlé. Des lits y étaient dressés et l'abbé Blanche et moi, nous allâmes nous y établir.

XXXIV. — Saint-Aignan-sur-Sarthe. — Le village de la Burlière, où demeurait mon oncle, dépendait de Saint-Aignan. Cette petite paroisse, par une exception peut-être unique à cette époque, n'avait pas pris part jusqu'alors au mouvement révolutionnaire, et ne faisait encore qu'un troupeau et qu'un pasteur. Là, point de club; les habitants étaient fort paisibles. Il y avait bien quelques brebis galeuses et quelques boucs, mais en très petit nombre et même ils n'étaient pas très dangereux, car ils ne désiraient même pas le remplacement de leur curé. Celui-ci, ainsi que son vicaire, l'abbé Chéron, continuaient d'exercer leurs fonctions sans être troublés. Je connaissais parfaitement M. le Curé de Saint-Aignan, car j'avais étudié sous lui.

Vêtus en laïques, nous allions prendre l'air dans les environs de la Burlière. Ses habitants étant à nous, nous pouvions nous montrer à eux, sans craindre la trahison.

Nous étions en sûreté pour la nuit dans notre étable, tant que la lucarne qui ouvrait sur le bois ne serait point bloquée. Le blocus eût-il été tenté, nous avions entrelacé des branches, qui en auraient retardé l'accès. Si nos jours n'étaient pas sereins, ils étaient au moins exempts d'inquiétude. Nous eûmes assez de confiance dans notre nouvelle et paisible condition, pour oser aller à la messe à Saint-Aignan, dont nous n'étions guère éloignés que d'une demi-lieue. Nous y allâmes deux ou trois fois, mais pas simultanément. Précaution inutile ! Elle ne nous servit pas plus que notre travestissement, et notre retraite finit par être connue et divulguée.

XXXV. — Monsieur l'Abbé Hébert. — M. Hébert était venu de Paris, à l'âge de 40 ans, se faire ordonner prêtre à Séez, sa ville natale. Une dizaine d'années auparavant, il avait été professeur de rhétorique à Séez, et j'avais suivi son cours.

Peu favorisé de la nature pour la beauté corporelle, rabougri et ventru, on l'appelait « mille tripes », et dans sa classe il ne savait pas se faire respecter de ses élèves. Quand on le vit épouser la Révolution et devenir prêtre constitutionnel, cela ne surprit personne ; cependant M. Hébert, malgré ses antécédents qui lui étaient peu favorables, et que la malignité publique avait peut-être exagérés, ne manquait pas d'une certaine dignité morale et de grandeur d'âme. Sa noble conduite à l'égard de M. le Curé de Saint-Aignan en est une preuve irrécusable.

L'abbé Hébert, nommé par la volonté électorale successeur de M. l'abbé Hignard, curé de Saint-Aignan, vint voir ce prêtre, moi présent. Il se montra délicat, affectueux, admirable, et adressa ces paroles à M. le Curé de Saint-Aignan : « Monsieur le Curé, je suis bien votre serviteur. La voix publique vous a sans doute appris que l'abbé Hébert est votre remplaçant. Je suis ce prêtre, monsieur le Curé, prêtre qui se croit indigne de vous succéder. Je connais tout le bien que vous faites ici ; je sais que vos paroissiens vous sont très attachés : cet avantage, vous le devez à vos mérites et à vos vertus. Si je suis venu ici, c'est pour rendre hommage à l'excellence de vos qualités, pour vous dire que je ne serai jamais votre successeur tant que vous vivrez, et que, pour vous maintenir dans votre presbytère et votre cure, je ne donnerai pas ma démission. Je ne veux, croyez-le bien, que vous remplacer ici seulement sur le papier ».

Acte de générosité, de grandeur d'âme vraiment touchant ! Le prêtre assermenté, M. l'abbé Hébert, protecteur d'un curé réfractaire, mérite d'être cité à tous, présents et à venir, pour mention honorable.

M. Higuard, curé de Saint-Aignan, resta dans ses fonctions jusqu'à la fermeture de toutes les églises ; ce qui arriva dans le courant de l'année 1793, alors que les membres de la Convention chassèrent tous les prêtres constitutionnels des temples consacrés à Dieu et y établirent le culte de la déesse Raison.

XXXVI. — François, domestique de Mme Blanche. — Bures. — Ce garçon-là paraissait organisé tout exprès pour servir puissamment notre cause. Son adresse, sa sagacité, son activité, il savait les cacher sous le masque d'une niaiserie stupide. D'une nonchalance étudiée, d'une indifférence froide, il riait en soi avec les sots ; il riait bêtement de sa maîtresse l'aristocrate, quand on lui en demandait des nouvelles.

Sa fidélité, son zèle à nous être utile, ses convictions religieuses étaient toujours en éveil.

Il était à Moulins, un jeudi, jour de marché et connaissant la majeure partie des frères et amis, il accoste celui-ci, se mêle à celui-là ; il va d'écoutant en écoutant. La Burlière où nous étions n'est guère qu'à une lieue de Moulins. François vint dès le lendemain nous y trouver avant le jour, et voici ce qu'il nous dit : « Messieurs, les gars de Moulins disent comme ça que mam'selle Bureau sonne la messe avec sa braye, que vous la dites dans la grange ; ils disent qu'ils viendront vous quérir dimanche pour vous promener sur un âne ».

Nous nous étions montrés à Saint-Aignan ; aussi nous ne pouvions pas être ignorés des gars de Moulins dont nous étions si proche.

Mais nous tiendrons-nous claquemurés dans notre étable ? Nous dûmes réfléchir..... Qui sait ? Il ne faut qu'un traître. Nous nous étions fait faire un travestissement complet que nous n'avions pas encore étrenné ; il était en réserve en cas d'alerte. L'avis du fidèle François nous fit déguerpir le samedi, accoutrés de notre costume tout neuf.

Il y avait à Bures une bonne maison et de bien bonnes gens que je connaissais particulièrement. J'étais allé plusieurs fois chez eux, car ils avaient deux fils prêtres, dont l'un, mon condisciple, avec lequel j'étais très lié, est devenu dans la suite le patriarche de la petite église dans le Perche et le diocèse de Séez. Je dis donc à l'abbé Blanche : « Allons à Bures chez M. Martin ; je ne sais pas où sont ses fils, mais je sais qu'ils sont réfractaires ».

— Aller là, dit l'abbé Blanche, c'est aller se jeter dans la gueule du loup... mais au reste, en arrivant chez eux de nuit, ils vont nous faire conduire à bonne enseigne. Ils ont des amis bien pensants ; une nuit est bientôt passée, personne ne nous connaît dans ce pays-là, et notre costume ne prête pas au soupçon. Par ces considérations et autres, nous prîmes, sur le soir, le chemin de Bures; nous n'en étions qu'à deux lieues. Étions-nous de belle humeur dans cette déroute volontaire? non : mais il ne fallait qu'un chien pour nous y mettre.

Nous suivions un sentier par le milieu d'un herbage; l'abbé Blanche était derrière moi. Vint à notre rencontre un grand garçon précédé d'un gros chien roux, à courtes oreilles et à courte queue. Ce pauvre animal, qui avait un air de tristesse, arriva à mes pieds, tête baissée, s'arrêta court, me considéra un instant, et se mit à détaler à toutes jambes, serrant fortement son *bouquet*, poussant des cris plaintifs et tournant parfois brusquement la tête, comme pour s'assurer s'il n'était pas poursuivi.

Spectacle étrange! Il nous fit oublier les gars de Moulins. Immobile comme une statue, le maître du chien le regarde avec des yeux bêtes, et semble se dire à lui-même : va-t-il courir toujours comme ça? Je dis au jeune homme :

— Ton chien ne va-t-il pas nous mordre?

— V'veyez bén que non, pisqui s'sauve.

— Pourquoi se sauve-t-il?

— C'est pass'qui v'craint.

— Parce qu'il me craint; pourquoi me craint-il?

— C'est pass'qui v'prend pour Saint-Germain.

— Quel est ce Saint-Germain ?

— C'est c'ti-là qui taille ici les chiens.

Evidemment le chien avait été travaillé par le nommé Saint-Germain.

Après tant de mauvaises heures et tant de mauvais jours, il n'en fallut pas davantage pour nous mettre de bonne humeur. Toutes nos avanies précédentes furent oubliées jusqu'au lendemain. Nous ne pensions plus aux patriotes de Moulins, et encore moins à l'âne sur lequel ils devaient nous promener.

Plus de frayeur, plus de mélancolie : l'histoire du chien et de son maître nous avait déridés. Aussi nous arrivâmes gaiement chez M. Martin, le père des deux ecclésiastiques, dont je viens de faire mention. A notre air de gaieté et de franche allure, à notre travestissement qui n'était ni ridicule ni suspect, on nous demanda poliment qui nous étions. L'un de nous répondit : « Deux proscrits ». Ceux de la maison se lancent des regards qui expriment le doute. Alors je dis : « Nous allons bientôt renouveler connaissance. Ce n'est pas pour la première fois que vous me voyez ici, car je suis l'ami, le camarade de classe de votre jeune fils, et j'ai passé chez vous plusieurs jours il y a quatre ans ».

— Hélas ! dit une des filles, qui me reconnaît la première, il est toujours le même et toujours gai, et elle déclina mes nom et qualité.

Ces bonnes gens s'attendrirent, mais nous parurent inquiets, embarrassés.

— Nous ne venons pas, dit l'abbé Blanche, faire chez vous un long séjour, car nous savons que votre maison est mal notée. Nous sommes venus pour vous prier de nous procurer, pour cette nuit seulement, un gîte de votre choix. Demain nous ne nous montrerons pas pendant le jour, et, au soir, nous retournerons à notre étable chez M. Bureau, de la Burlière.

— Où est son fils ? dit M. Martin.

— Toujours à Paris.

— Il est plus en sûreté à Paris qu'il ne le serait chez son père, et il fera bien d'y rester. En changeant d'habits, on ne vous reconnaît pas à Paris.

— Ah ! ça mais, dit une des filles, pourquoi donc ne restez-vous pas avec nous au moins pendant vingt-quatre heures ? croyez-vous que ceux de la Nation viennent ici tous les jours ? oh ! que non, nous allons souper ensemble, et on va faire votre lit dans la chambre....

Tous répondent : « Oui, oui ».

— Ce qui m'étonne de vous autres, dit M. Martin, c'est que vous soyez si gais ; mes fils ne sont pas gais comme ça. Mon

cher confrère, qui avait professé la rhétorique et qui se connaissait en amplification
ne se contente pas de rapporter le fait du
chien, il le paraphrase avec esprit, et pendant tout le souper, nous fait rire à plein
gosier. Depuis longtemps, nous n'avions
pas soupé aussi gaiement. Nous allâmes
ensuite nous coucher tous deux dans la
même chambre, et nous dormions profondément, lorsque notre chambre s'ouvre
précipitamment et avec bruit dès le petit
matin..... Les v'là venir... les v'là qui
viennent! s'écrie M. Martin.

Puis, il court à la fenêtre, en répétant :
« Les v'là venir, les v'là venir..... et il ouvre
cette fenêtre en disant : sautez vite par là,
Messieurs ; sautez dans le jardin... dans le
pré... dans le bois... vite et vite, car les v'là
qui viennent ».

Ainsi réveillés en sursaut, nous nous
habillons à la hâte. Habillé, je saute dans le
jardin, mais l'abbé Blanche, lui, ne sautait
pas. Que faisait-il donc ? Ne sachant plus où
il en est, il prend sa culotte pour son gilet,
il la rejette, elle tombe par terre ; son habit
de bouracan est sous sa main, il l'emmanche,
et déjà je suis dans le jardin. Il ne me voit
plus, il a presque perdu la tête. Il entend du
bruit qui vient de la cour ; il prend sa
culotte d'une main, il empoigne, de l'autre
main, ses chaussettes et ses souliers, se
dirige vers la fenêtre qui par bonheur est

au rez-de-chaussée, et le voilà avec moi dans le jardin. Le tonnerre gronde à quelques pas de la maison. *Sauve qui peut* : dois-je attendre qu'il soit habillé, chaussé ? la peur ne me donne pas le temps de la réflexion ; je me mets à courir à toutes jambes. Lui, nu-pieds, court aussi bien que moi, et nous pouvons nous enfoncer dans le bois impunément. Où était le chien et son maître ? Qu'était devenue notre gaieté ? La réalité de notre vie de proscrit nous apparaissait de nouveau dans tout son jour. Tel qui rit vendredi, dimanche pleurera.

Nous avions soupé joyeusement, nous nous étions couchés insouciants comme des enfants, nous avions dormi d'un bon sommeil. Les v'là venir, et..... sautez, sautez..... nous réveillent, nous troublent, et nous jettent dans les angoisses de la peur. Le premier soin de mon confrère se devine facilement. A peine habillé et ses chaussures mises, il lui vient une idée assez curieuse : « Ce que c'est pourtant, dit-il, tout à l'heure, une meute de sans-culottes qui n'en avaient que le nom, donnaient la chasse à un autre sans-culotte qui en avait la réalité ». Les faiseurs de caricatures n'avaient pas encore pensé à celle-là ; elle eut cependant fait image.

Les v'là venir, les v'là venir..... d'où venaient-ils donc ? Nous ne l'avons pas appris. Les patriotes couvraient alors toute la France ; peu nous importait de savoir d'où étaient venus ceux que nous entendîmes clabauder. Notre lit en désordre, nos draps encore chauds, donnaient assez à croire que les deux abbés Martin y avaient passé la nuit ; des recherches allaient infailliblement être faites, notre repaire allait être fouillé... Allons nous-en et défilons promptement. Il fallait avant tout nous orienter, car nous étions complètement égarés. Ce qui toutefois nous occupait le plus, c'était de tourner le dos à la maison Martin.

Une vachère gardait sa vache.

— Le chemin de Moulins ?

— Connais pas.

— De Sainte-Scolasse ?

— Par là.

Nous ne voulions pas plus de Moulins que de Sainte-Scolasse, où nous ne connaissions personne : nous ne voulions que prendre le vent.

XXXVII. — Le Plantis. — La Veuve Baudoire. — Dans une paroisse, qui ne devait pas être éloignée de nous, étaient dans le même village deux veuves, mères de deux prêtres parfaitement réfractaires. Le plus jeune me suivait d'un an ; le plus âgé était contemporain de l'abbé Blanche.

Professeur de rhétorique à Alençon, il n'avait pas reparu chez sa mère depuis la persécution. Devenu depuis curé de Notre-

Dame de Mortagne, il est mort subitement dans la chaire en faisant le prône.

Extérieurement nous n'avions rien du prêtre. Un dîner en passant, environ une demi-journée d'hospitalité, ne pouvait pas vraisemblablement compromettre celle de ces deux veuves, chez laquelle nous allions nous présenter. Or donc, au Plantis... chez la veuve Baudoire... Nous entrâmes chez la mère de l'aîné.

Comme nous arrivions chez Mme Baudoire, nous la vîmes qui portait une bourrée.

— Ah ! mes bons messieurs, nous dit elle, je voudrais bien vous donner à déjeuner mais je n'ai plus de pain. Je viens de manger mon dernier morceau. En voilà bien, dit-elle en montrant la huche, mais il n'est pas cuit. Attendez, je vais en emprunter.

— Non, non, dit l'abbé Blanche, nous ne sommes point pressés

Il disait vrai, car nous ne voulions rentrer chez mon oncle Bureau que pendant la nuit. Aussitôt elle va à la laiterie ; elle en revient avec du beurre et du lait. Dans le lait et dans le beurre elle pétrit un bloc de pâte et dit : « Nous allons manger une bonne flammiche ».

Nous aidons à chauffer le four et à enfourner la pâte.

La messe était sonnée, car c'était un dimanche, et un intrus la disait.

— Pendant que le pain va cuire, dit l'abbé Blanche, prions le bon Dieu.

Nous nous mîmes à genoux.

— Non, pas maintenant, reprit Mme Baudoire, la messe n'est pas encore dite.

— Qu'est-ce que cela fait ?

— Cela fait que je ne veux pas communiquer avec l'intrus.

— Mais nous ne sommes pas avec lui dans son église; nous allons nous unir d'intention avec Notre Saint-Père le Pape et avec ceux de notre religion.

— Ah ben ! Comme ça, à la bonne heure, répondit Mme Baudoire.

Et tous les trois ensemble nous priâmes Dieu de rendre la paix à l'Eglise de France.

Dès que la flammiche est cuite, Mme Baudoire la met en dehors de la croisée pour qu'elle refroidisse plus promptement. Puis, elle ne reste pas les bras croisés. Elle prend aussitôt son grand plat de bois dans lequel elle égoutte son beurre, et l'approprie à l'eau bouillante ; elle prend ensuite sa pinte de grès et va à la cave *tirer du bon.* Après cela, elle rompt sa flammiche en gros morceaux qui tombent dans le plat de bois ; elle les arrose en vidant sa pinte par-dessus..... et nous dînons sans plus ample cérémonie.

Il nous fallut attendre presque jusqu'au soir pour prendre congé de la bonne dame. Dans ses entretiens, il fallait voir comme elle saboulait les prêtres jureurs qu'elle passait en revue, et notamment son curé. Il n'y avait pas à s'ennuyer chez elle autant que dans notre étable. Ce dîner improvisé nous parut excellent. Un médecin qui nous aurait vu avaler la *miottée* aurait dit : Gare l'indigestion. Nous digérâmes la miottée comme une huître.

Nous allâmes ensuite chez un meunier de notre connaissance attendre le commencement de la nuit pour rentrer chez mon oncle, car, malgré notre travestissement, nous avions peur d'être reconnus par quelqu'un de nos ennemis.

XXXVIII. — LA CAVERNE DANS LA FORÊT DE MOULINS. — Les patriotes de Moulins, qui voulaient nous prendre pour nous promener sur des ânes, vinrent à la Burlière pendant notre absence, comme François nous l'avait dit. Ils n'étaient guère qu'une vingtaine qui fouillèrent et firent à mon oncle de grandes menaces. De là, ils allèrent à la Ferrière-au-Doyen, près Moulins. Ce jour-là, en effet, deux prêtres, MM. Duclos, frères, l'un de la Ferrière, l'autre d'une paroisse voisine, avaient été vus rôder dans les environs, mais où se nichaient-ils ? La Nation de Moulins s'était dérangée en pure perte. Les limiers de la révolution trouvèrent plus fin qu'eux, car quand ils arrivèrent pour saisir leur proie, les oiseaux étaient dénichés. Le meunier, chez qui nous nous arrêtâmes, nous apprit ces nouvelles.

Pour nous, nous avions regagné notre étable, où nous passâmes la nuit très tranquillement. Le fidèle François vint de grand matin nous informer des prouesses de ceux de Moulins. Il nous raconta aussi que les deux abbés Duclos étaient cachés dans la forêt de Moulins et nous fit un tableau séduisant de la grotte où ils gîtaient.

Un des gardes de la forêt de Moulins, nommé Filleul, connaissait dans son village, sur la paroisse de la Ferrière-au-Doyen, une caverne spacieuse, et il n'épargna ni soins, ni travaux pour la rendre habitable. Il y conduisit ces deux prêtres et leur dit : « Tenez-vous ici, rien ne vous manquera, je veillerai sur vous ».

Son dévouement leur était acquis ; il ne les laissa manquer de rien. Séjour fortuné par le temps qui courait ! Point d'alerte à redouter ! Ils dormaient pendant le jour et se promenaient dans la forêt pendant la nuit. Ils y passèrent tout le temps de la persécution.

A l'éloge que nous fit François de leur établissement, l'abbé Blanche, qui ne se croyait plus en sûreté dans notre petite chaumière, et dans le bois qui l'environnait, fut entièrement séduit par les charmes de cette nouvelle cachette : « Allons-y, me dit-il, les révolutionnaires qui nous suivent à la trace l'auront perdue. Cette nuit, j'y vais ».

— Et M. l'abbé Marre aussi, me dit François.

— Non, mon fidèle François, lui répondis-je.

Seul à la Burlière, désœuvré plus que jamais, je me fis une occupation qui remplit mes journées, et me procura sommeil et appétit. En me promenant dans le bois, derrière mon étable, j'arrivai à une grosse trogne de chêne qui fixa mon attention. Elle était séculaire et avait une tête énorme. Si j'étais niché là-dedans, me dis-je, bien fin qui viendrait m'y happer !

De branche en branche, j'arrive au haut, sans beaucoup de peine. Un hibou, qui sort de son trou, me soufflète de ses ailes et disparaît. Il a peur, et moi aussi ; ça ne dure pas. Je détache sans peine de l'intérieur de la trogne des quartiers de bois pourri, et je vois la possibilité d'y creuser un repaire.

Je fais part de cette découverte à la cousine Barbe qui me donna une mailloche et un ciseau. Le bois pourri se détacha sans peine, mais dans l'activité de mon travail j'avais fait une bévue : les morceaux déjà détachés ou pendaient aux branches ou se trouvaient au pied de la trogne. Indices pernicieux ! je les ramasse scrupuleusement,

et les porte dans la rivière qui coulait au bas
du bois. C'est là ce qui m'occasionna le plus
de travail, car pour les jeter dans la rivière,
j'avais une assez longue distance à parcourir
au travers d'un bois plein de halliers.
N'importe, je remplis ma tâche en moins de
quatre jours. Mon gîte devenu habitable, il
me fut facile de faire une brèche dans le
mur de l'étable, du côté du bois, et je la
bouchai avec deux bottes de paille.

Cet expédient, capable de déjouer des
projets hostiles, flattait mon amour-propre,
et je m'en applaudis comme d'une victoire.
Qu'ils viennent..... et ma trogne n'est pas
loin.

XXXIX. — Samedi 14 Septembre 1791.
— Les v'la venir. — Fanchon et la
Batrelle. — M. le Curé de Saint-Aignan
était encore dans son presbytère avec son
vicaire. Il avait deux domestiques : une
cuisinière et une vachère. La première
avait nom Fanchon et l'autre la Batrelle.
Cette dernière était d'une difformité à faire
peur, mais elle en était dédommagée par un
esprit subtil et rusé. Je vais bientôt en
donner la preuve.

Nous ne pensions plus à nos ennemis, les
patriotes de Mortagne, mais eux pensaient
encore à nous. Instruits par ceux de Moulins
que nous étions à Saint-Aignan, à quatre
lieues de leur ville, ils eurent assez de

courage pour s'arroûter de nuit vers Saint-Aignan. Ils passèrent par Bazoches et Champeaux, où ils trouvèrent des *frères* et *amis* qui grossirent leur peloton.

— Il était onze heures du soir; le curé était dans son lit et la cuisinière allait se poser dans le sien. Vingt ou trente, peut-être quarante hommes arrivaient alors à la haie qui clôt le jardin du presbytère de Saint-Aignan. Pas moyen d'en approcher de plus près sans franchir la haie. A l'envi et pêle-mêle, ils brisent cette clôture.

La cuisinière les entendit. Aller avertir son maître qui était couché fut l'affaire d'un instant. Celui-ci avait eu la précaution d'aviser à un gîte en cas d'alerte. Ce gîte, il l'avait trouvé dans sa cuisine, derrière une boiserie mobile, garnie d'un siège pour les domestiques, quand ils prenaient leur repas. Appliquée contre la muraille, elle masquait un cendrier, dont l'ouverture ressemblait assez à la gueule d'un four à pâtisserie. M. le Curé, qui n'était ni grand ni gros, et qui n'avait pas eu le temps de se vêtir, fit vite renverser la boiserie, se coula par ce trou, se blottit sur la cendre, et la cuisinière se hâta de redresser la boiserie. Bien fin qui eût deviné le cendrier!

Cependant les patriotes, qui étaient venus à bout de s'introduire dans la cour, frappaient à coups redoublés à la porte du presbytère. La cuisinière fut enfin obligée d'ouvrir. Une fois entrés dans la maison, ils allèrent droit à la chambre du curé; ils trouvèrent une couverture en désordre, des draps encore chauds, et tous les vêtements d'un prêtre. Ils jugèrent bien que le curé ne devait pas être loin. Il n'était pas loin effectivement; il les entendait.

Ils cherchèrent et fouillèrent partout, sous les lits, dans les chambres, dans les armoires, dans les greniers, dans les écuries et dans la grange, et n'oublièrent pas le caveau, mais... peine perdue.

Cependant le vicaire confessait dans l'église M. Marais, de Moulins-la-Marche. Il était environ minuit. Au vacarme qu'ils entendirent, ils cherchèrent leur refuge dans le clocher. Du presbytère à l'église, il n'y a qu'un pas. Il était tout simple que l'église fut fouillée à son tour. Peut-être cependant n'y auraient-ils pas songé, si l'un d'entre eux n'eût vu briller de la lumière par les vitraux.

— Il s'est sauvé dans l'église, s'écria l'un de ces citoyens; je viens d'y voir de la lumière.

Ils y courent aussitôt.

La lumière avait été éteinte, mais ils s'en précautionnèrent. Quant à la porte, elle ne fut pas difficile à ouvrir; la clef était dans la serrure.

La lumière qui avait été vue, la porte qui

n'était pas fermée, établirent la certitude que le gibier était dans l'église.

Les sans-culottes cherchèrent partout, dans la sacristie, dans les confessionnaux, dans les bancs, dans tous les coins et recoins, et aussi dans la chaire..... ils ne trouvèrent rien.

— Ils sont pourtant dans l'église, dit l'un d'entre eux. Au clocher... Allons voir au clocher.

Hélas ! deux hommes y étaient blottis, et il y en avait un en surplus. Ceux qui sont en haut disent à ceux qui sont en bas : Nous les tenons.

Tonnerre de jubilations !....

— Descendez, aristocrates, descendez promptement, leur crient aussitôt ceux qui les ont saisis. Des coups de pied les touchent.

C'est le Curé et l'abbé Marre. Ils l'ont cru un instant, mais ils ne reconnaissent ni l'un ni l'autre. Ce n'était effectivement ni l'un ni l'autre, mais c'était le vicaire, l'abbé Chéron, qui *confessait en fraude* un M. Marais, de Moulins, qui était venu pour cela tout exprès à Saint-Aignan. C'était là un crime prévu par la loi du club ; c'était un crime flagrant. Aussi sera-t-il expié à Champeaux et à Mortagne.

A peine descendus du clocher, le confesseur et son pénitent furent saisis par cette bande de tapageurs, et les railleries, les outrages et les mauvais traitements ne leur furent pas épargnés. Pour comble de vexation, garottés et attachés l'un à l'autre, ils furent emmenés au presbytère et gardés à vue. Tout ce que la fureur et la sauvagerie peuvent inventer, ils l'entendirent.

Après tant de marches et de contremarches pour trouver leurs victimes, les *bleus* de Mortagne et autres lieux sentirent le besoin de se rafraîchir, et le caveau du curé fournit les libations. A deux mains ils se nantissent à qui mieux mieux de bouteilles de vin et vont les vider à la cuisine. L'ouverture par laquelle M. le Curé de Saint-Aignan s'était coulé sur la cendre était masquée par le dossier du banc sur lequel les buveurs étaient assis. De sa cachette, il pouvait les entendre, ainsi que le glouglou de ses bouteilles.

Comme je n'étais pas au presbytère de Saint-Aignan, c'est que j'étais chez mon oncle. Le curé, M. Hignard, n'était pas non plus au presbytère, c'est qu'il était avec moi. Il aura bien pu en effet faire une demi-lieue en chemise ! Qui sait s'il n'avait pas emporté une couverture en place de sa soutane qu'il n'avait pas eu le temps de couler ?

Pour moi, j'étais à la Burlière chez mon oncle. Les patriotes de Mortagne avaient dit : « Il faut que nous ayons l'abbé Marre mort ou vif ». Pour réussir dans leur projet, ils se partagent. Les uns vont garder les captifs et continuer de mettre à sec les bouteilles de vin. Quant aux autres, ils se forment en peloton, et, comme ils ne connaissaient pas le chemin de la Burlière, ils prennent pour guide la Batrelle.

Cette vieille fille, vachère de M. le curé de Saint-Aignan, comme nous l'avons dit déjà, était des plus laides de la paroisse, mais en revanche elle était peut-être la plus spirituelle et la plus fine.

« Marchez, vieille sorcière, » crient les sans-culottes. Elle ne le se fait pas dire deux fois. Elle se met à leur tête et les guide. Deux heures sonnaient en ce moment.

Il y en avait dans la bande qui étaient déjà ivres. Lorsque la Batrelle fut arrivée en face du village de la Burlière, elle dit : « Allez, v'là les maisons »

Et sans désigner celle de mon oncle, elle fait un pas en arrière pour se retirer.

— Va donc, avance, crient les patriotes.

— Je vous dis que v'là les maisons, répond la Batrelle.

— Avance..... avance, crient de nouveau les patriotes.

— Non, répond-elle, je n'avancerai pas..... Avancez, vous..... moi, je n'ai pas envie de me faire tuer.

— Que dis-tu là ? demandent-ils avec anxiété.

— Je dis..... je dis qu'il y a là douze coups de fusils à tirer..... et tous ses cousins qui sont là..... ils vont tirer itout. Vous allez voir comme ils vont se défendre. En disant cela, la Batrelle recule.

Il y eut un patriote qui s'écria :

— Je sais bien, moi, qu'ils ont tous la tête dans le même bonnet.

Un autre repartit :

— Dame ! Dans la nuit, tout chat est gris, et si je recevons queuques balles par les oreilles, ça sera pour nous.

Enfin un autre ajouta :

— J'érons cor le temps, quand il fera jour.

Pas un n'osa crier en avant, et ces braves citoyens retournèrent au presbytère de Saint-Aignan, où ils trouvèrent plus commode de faire sauter les bouchons des bouteilles de vin que d'affronter les balles de la Burlière. A Saint-Aignan où il n'y avait rien à craindre, ils furent braves, mais à la Burlière, où il y avait des périls à affronter, ils se montrèrent lâches et tournèrent le dos à l'ennemi.

Quant à la Batrelle, ils la perdirent, ou plutôt, elle profita du moment où ils revinrent sur leurs pas pour les abandonner et fit un détour pour venir chez mon oncle donner avis de ce qui se passait. Je n'en fus informé que sur les quatre heures par ma cousine Barbe. J'étais alors au pied de mon lit, confessant un homme qui était venu de Saint-Aubin-de-Courteraie.

Pour éviter tout soupçon, ma cousine

dressa mon lit, tandis que moi, l'âme bouleversée, j'allai me nicher dans ma trogne.

Entre cinq et six heures, ils étaient dans la cour de mon oncle et dans sa maison, ainsi que dans ses autres bâtiments, et je les entendais hurler : « Vive la Nation ! »

C'était un dimanche au matin, le 15 septembre 1791.

Ils s'en retournèrent en vociférant et jurant contre mon oncle et ma cousine.

Mais, pendant ce temps-là, que devenait M. le Curé de Saint-Aignan ? Il était toujours sur la cendre, tantôt sur le dos, tantôt sur le côté. Que devenaient le confesseur et son pénitent ? Toujours garrottés, ils étaient gardés à vue dans la cuisine.

Et que vont-ils faire de ces infortunés ? Ils en délibèrent en vidant les dernières bouteilles de vin.

Cette campagne n'avait pour eux obtenu qu'un demi-succès, car ils n'avaient pu me saisir, mais deux captifs, un confesseur et un pénitent, saisis en plein minuit dans un clocher, n'en étaient pas moins un trophée bien glorieux.

Leurs captifs, ils vont les conduire à la messe de Champeaux, célébrée par un prêtre constitutionnel, et il faudra bien, bon gré mal gré, qu'ils y assistent.

Le signal du départ est donné, et la bande des septembriseurs emmène ses prisonniers, qu'elle accable de mauvais traitements.

Quand ils arrivèrent à Champeaux, la messe du curé intrus sonnait. Ce curé était un patriote fameux. Dans la suite, obsédé par le remords, il tomba dans le désespoir et se jeta dans un puits, où il rendit son âme à Dieu.

Aussitôt les bourreaux des deux captifs les entraînent malgré eux vers l'église et les forcent d'y entrer. Voir ces deux aristocrates, ces deux réfractaires, assister à la messe malgré eux, était un spectacle extraordinaire ; aussi la partie de la population de Champeaux et des paroisses environnantes qui avait donné dans les idées révolutionnaires, s'empressa d'accourir pour en être témoin, et ce jour-là, l'église se trouva pleine.

Après la messe, que firent-ils de leurs victimes ? Le pénitent, M. Marais, ils se décidèrent à le renvoyer à Moulins, mais seulement après lui avoir infligé une rude pénitence, pour le punir d'avoir été pris en flagrant délit de confession à un prêtre insermenté. Ils le firent mettre à genoux ; puis, lui prenant la tête, ils lui coupent, ou plutôt lui arrachent les cheveux avec leurs sabres. Le sang coule..... Ils crient tous ensemble : « Vive la Nation ! » et finissent enfin par lui rendre la liberté.

Mais que vont-ils faire du confesseur ? Ils l'affourchent sur un âne, le dos tourné vers les oreilles de la bête et le visage regardant

du côté opposé. Ainsi monté, ils l'obligent
à tenir d'une main en trompette la queue de
l'animal, et dans cet équipage ils le font
voir, pièce curieuse, dans Champeaux, dans
Bazoches, dans les villages sur la route, et
l'emmènent à Mortagne, où ils le promènent
par les rues et le déposent enfin à la geôle,
où il était encore, quand nous quittâmes la
Burlière. Depuis, je n'ai pas pu savoir à
quelle époque ni de quelle manière M. l'abbé
Chéron était sorti de prison.

XL. — Comment l'Abbé Blanche passait
son Temps dans la Caverne. — Je le sus
bientôt par lui-même. Il regrettait notre
étable. Quand il eut appris l'échauffourée de
Saint-Aignan et l'arrestation du vicaire, il
se sépara pendant la nuit de ses deux commensaux et vint frapper à la porte de mon
étable.

— C'est moi... ouvrez, me cria-t-il.
— Ah ! ah ! c'est donc vous, lui répondis-je. Entrez vite, embrassons-nous et
reprenez votre place.

Quand il fit jour, il me raconta en détail
son genre de vie dans la caverne. Le soir
de la première journée, il avait mis le pied
sur un *mouron*. L'un de ses commensaux
faisait leur lit avec une fourche, et ils
s'étendaient tous trois sur une mousse bien
mollette.

Le garde Filleul ne les abandonnait pas.

Il leur était tout dévoué et était pour eux une providence. L'abbé parlait de ce brave homme avec attendrissement.

Le pain et la charcuterie, les saucissons, les langues fourrées ne leur manquaient pas ; ils avaient un quartaut de cidre ; ils sortaient pendant la nuit, quand le temps le permettait ; l'entrée de leur forteresse se fermait avec des bourrées.

Mais les *mourons* qu'il avait vus !... Mais les couleuvres qu'il redoutait !... Mais les loups qu'il pouvait rencontrer, quand il sortait pendant la nuit ! Mais les ténèbres... nuit et jour... les ténèbres !

— J'y serais mort ! me dit-il. Hélas !... que devenir ?

La jérémiade fut longue. Inutile de l'écrire en entier. Il y aurait d'ailleurs des omissions et des répétitions. Il se trouva soulagé en reprenant sa place dans notre étable. Je lui fis voir ma trogne ; il en fut ravi d'admiration, et l'épisode du hibou le fit rire.

XLI. — Arrêté du Directoire. — Nos misères s'entassaient sur nos misères ; les épreuves par lesquelles il nous fallait passer se succédaient sans interruption.

La Convention, les directoires, les districts, les municipalités, les clubs étaient autant de législateurs quasi-indépendants ; les lois se confectionnaient sous les préambules de la liberté et de l'égalité. Le directoire, comme les districts et les municipalités, se composait de citoyens de toutes qualités, pris dans l'étendue de la juridiction directoriale. L'administration n'avait ni base fixe, ni principes ; elle y allait arbitrairement, en sens inverse, comme elle était poussée par les revirements des clubs.

Le directoire du district d'Alençon fit publier un arrêté dont voici l'abrégé :

« Considérant que les prêtres réfractaires, en restant dans leur famille, entretiennent parmi les citoyens le trouble et la division, le directoire arrête :

« ARTICLE PREMIER. — Dans le délai de trois jours à partir de la publication du présent, tout prêtre réfractaire sera tenu de s'éloigner à la distance de dix lieues de sa résidence habituelle.

« ART. 2. — Il ne pourra être ni inquiété, ni recherché dans les vingt-quatre heures qui suivront la signification du présent.

« ART. 3. — Faute par lui de se conformer à l'article premier ci-dessus, il sera saisi par la force armée et conduit dans les prisons d'Alençon pour être ensuite statué ce qu'il appartiendra.

« A Alençon, le 29 novembre 1791 ».

Afin que nous ne puissions pas prétexter cause d'ignorance, copie tout au long fut apportée chez mon oncle par un huissier qui l'avait formulée dans toutes les règles.

« Le 30 novembre 1791, je, N. Levillain, huissier-audiencier à Moulins-la-Marche, me suis exprès transporté au domicile du citoyen Jacques Bureau, propriétaire, demeurant à Saint-Aignan, au village de la Burlière, parlant à sa personne, trouvé à domicile, auquel j'ai laissé et délivré copie de l'arrêté du directoire, chargé de faire savoir au sieur Marre, son neveu, prêtre réfractaire avec injonction de s'y conformer, à peine de tous dépends, dommages et intérêts et sous toutes réserves.

« Signé : LEVILLAIN ».

Mme Blanche reçut pour son frère une sommation verbalisée comme la mienne. Nous n'en fûmes point affectés.

A quoi servent la raison, l'esprit et le génie, dans ceux qui exploitent une révolution? Qu'ils sachent ce qu'ils font, quand il s'agit d'extermination, d'ensorceler les masses, de les entraîner et les conduire à leurs fins, cela se conçoit. Mais qu'un directoire de district trouve un expédient pour étouffer l'esprit de division en nous exilant à dix lieues de notre résidence habituelle, cela ne s'explique pas raisonnablement, puisqu'il nous laissait le droit de permutation. Je pouvais aller à dix lieues prendre la place d'un confrère de mon *calibre* et l'envoyer à la mienne chez ma mère ou chez mon oncle. Moins connus, nous ne pouvions qu'y gagner, et la Nation n'y gagnait rien.

CHAPITRE IV

Séez. — Caen. — Bayeux
Retour à la Burlière

XLII. — Ou irons-nous ? — Séez. — 2 Décembre 1791. — Nous avions, plus d'une fois, tourné nos vues vers le pays étranger, mais nous étions très variables dans nos résolutions. La sommation que nous venions de recevoir, en nous forçant de prendre un parti, nous parut être un allègement aux croix que nous portions.

— Allons vers la mer. Il fait bon à Caen, dit-on ; allons à Caen. Nous y serons à plus de dix lieues de notre résidence.

Accoutrés en habits de couleur, nous allons coucher à Séez, à cinq ou six lieues de la Burlière. Le lendemain, en sortant de l'auberge, nous allions nous acheminer vers Argentan, quand nous rencontrâmes dans une rue un chirurgien qui m'avait traité au séminaire.

— Bonjour, M. Philippe.

Il ne me reconnut pas d'abord, mais après avoir échangé quelques mots, la connaissance fut bientôt renouvelée. C'était un bon homme, bien qu'il eut un grain de ce patriotisme alors à la mode.

— Où allez-vous, messieurs ?

— A Caen.

— Qu'allez-vous y faire ?

— Y chercher un asile, qui nous mette à l'abri du danger.

— Vous pouvez rester ici ; vous n'y avez rien à craindre. Je réponds de vous, je suis officier municipal ; si dans la suite je vous vois exposés, je vous avertirai.

Un tel protecteur dans ce temps-là n'était pas à dédaigner. Nous le priâmes de nous indiquer une maison en rapport avec notre position, et il nous adressa à une veuve, qui vivait seule dans une petite maison à chambres hautes. La pauvre femme nous hébergea du mieux qu'elle pût. Sa cuisine, il est vrai, n'approchait pas de celle de l'abbé Coupard à beaucoup près, mais nous nous serions trouvés heureux de pouvoir passer chez elle tout le temps de la persécution.

Travestis comme nous étions, munis d'un puissant protecteur nous pensions être en sûreté, mais deux grands garçons inconnus, sans état, pensonnaires chez une pauvre veuve, ne pouvaient pas rester longtemps inaperçus, surtout dans une petite ville.

Quatre jours s'étaient déjà écoulés, mais

dans la nuit du cinquième jour, pendant que nous dormions encore tranquillement, M. Philippe vint de grand matin nous apprendre que nous faisions sensation dans la ville.

Il nous prévint en même temps qu'un mouvement contre nous pouvait éclater subitement et il conseilla d'aviser, ou plutôt de partir de suite. Puis il ajouta :

— On est tranquille à Caen, allez-y.

— Bon, dit l'abbé Blanche, c'est la route de Cherbourg. Là nous pourrons nous embarquer pour l'Angleterre, et les Anglais, eux, nous laisseront vivre en paix.

XLIII. — CAEN. — Le bon M. Philippe nous indiqua une voiture pour Caen. Nous arrivâmes à Falaise le jour même, et le lendemain, de bonne heure, à Caen.

Nous descendîmes à l'hôtel de *la Levrette* qui nous avait été indiqué. Nous étions très bien adressés. Cet hôtel était plein de familles proscrites qui, comme nous, cherchaient à se soustraire à la persécution. Tous les appartements étaient déjà pris à l'hôtel ; cependant, on nous promit de mettre une petite chambre à notre disposition.

En attendant le souper, les uns parlaient des nouvelles politiques ; les autres s'entretenaient de faits historiques.

Tel château, disait-on, a été incendié.

Tel curé s'est cassé la jambe en fuyant, et on l'a porté en prison sur une civière. Telle religieuse a été arrêtée et indignement outragée...

Nous étions tous de la même opinion et nous soupâmes fraternellement.

Le souper terminé, une servante nous conduisit au logement qui nous était destiné. Elle nous pria d'excuser, disant que tout était plein de monde et qu'il ne restait vacant dans tout l'hôtel que cette seule petite chambre. A peine y étions-nous entrés que nous reconnûmes combien cette personne avait raison de nous faire des excuses. Le mobilier se composait de deux chaises, de deux matelas, de draps et de couvertures. C'était aussi simple que possible, mais au fond c'était suffisant pour des proscrits ; nous n'étions pas tous les jours logés à pareille enseigne. Mais ce qui était gênant et même intolérable, c'était la présence d'un ennemi d'autant plus terrible qu'il était pour nous, au milieu des ténèbres, invisible et insaisissable. Cette chambre en effet n'était autre chose qu'une espèce de petite mansarde du grenier. Quelques heures auparavant, on en avait délogé des oies, des chapons et autres volatiles pour y mettre un matelas. Mais si on avait enlevé les volailles, on avait laissé les puces ; elles étaient là par milliers.

Nous nous en défîmes comme nous

pûmes, et nous passâmes la nuit à nous promener dans le grenier, car il nous eût été impossible de rester sur nos matelas. Nous nous plaignîmes ; on nous plaignit en nous assurant qu'on allait faire arroser et balayer.

La ville de Caen était alors une des plus paisibles de toute la France ; aussi venait-on s'y réfugier de toutes parts, et les vivres y étaient fort chers. Cette seule considération nous aurait empêchés de nous y fixer pour un long temps, mais les puces, les terribles puces nous en chassèrent au bout de vingt-quatre heures.

— Point de place ici pour nous, dis-je à mon confrère ; ici tout est très cher, nous l'avons bien vu hier au soir. Je vais aller voir à Bayeux.

XLIV. — BAYEUX. — Je pris un cheval de louage et je galopai vers Bayeux, où je ne connaissais personne. A un hôtel de belle apparence pend cette enseigne : *Au Lion d'Or.* J'y descends ; j'étais chez MM. Laurent, père et fils.

Je demande à celui-ci s'il veut m'admettre à sa table.

— Volontiers, me répond-il.

— Mais à quelle heure ?... Car il faut que je rentre à Caen ce soir.

—Monsieur, dans une heure vous êtes servi.

Je liai ensuite conversation avec M. Laurent, et je m'hasardai à prendre quelques informations sur l'esprit qui régnait dans la ville. Ces informations, bien que vagues, m'inspirèrent une certaine confiance.

Puis, pendant que nous causions ensemble, j'entendis M. Laurent dire à un jeune homme qui entrait :

— Comment se porte mon oncle ?

— Bien, répond le jeune homme.

— Est-il tranquille ?

— Oui.

Après quelques instants de réflexion, je demandai à M. Laurent si son oncle était exposé à la persécution ?

— C'est un prêtre chanoine.

— Il n'a donc pas prêté le serment ?

— Lui, mon oncle,.... assurément non.

— Les prêtres réfractaires ne sont donc pas inquiétés ici.

— Pour le moment on ne dit rien à ceux qui ne disent rien. Mon oncle vit retiré à la campagne, à une lieue d'ici, et il est très tranquille.

— Voulez-vous prendre en pension deux prêtres insermentés ?

— Pourquoi pas ?

— Combien par mois ?

— Trente francs.

— Une chambre à deux lits ?

— Oui, Monsieur.

— Vos deux pensionnaires, vous les verrez demain.

— En voilà déjà un ; je le gagerais.....

— Oui.....

— Je m'en étais douté.

Je finis l'entretien en disant : « A demain, monsieur Laurent ».

Heureux du succès de mon voyage, je ne tardai pas à reprendre le chemin de Caen.

L'abbé Blanche, après avoir plusieurs fois au salon raconté l'histoire de ses puces, était venu le soir m'attendre sur la route.

Il me dit : — Eh bien !

Je lui répondis : — Fortune.

— Oh ! pour le coup, ajouta-t-il, nous allons dormir cette nuit, car j'ai une chambre à l'entrée de la ville.

— Et moi, lui dis-je, j'en ai trouvé une à Bayeux, chambre à deux lits, point de puces, et bonne table d'hôte, à trente francs par mois.

Il trouva que ma découverte valait mieux que la sienne. Cependant nous passâmes la nuit dans cette chambre que l'hôte de *la Levrette* avait été assez charitable pour nous procurer chez un de ses amis, et nous y dormîmes d'un bon sommeil. Dès le matin nous partîmes pour Bayeux.

XLV. — Au *Lion d'Or* a Bayeux. — La caverne ou l'étable, nous les avions remplacées par l'hôtel du *Lion d'Or !* La paille ou la mousse, nous les avions changées pour un bon lit ! Au lieu de vivre dans l'isolement et la solitude, nous demeurions dans une ville agréable! Plus de persécutions, ni d'alertes ; nous avions enfin trouvé le repos et la sécurité. Telle était notre nouvelle position. Quand nous allions nous promener dans la ville, on ne faisait pas plus attention à nous qu'à d'autres bourgeois.

Peu de jours après notre arrivée, nous allâmes rendre visite à l'oncle chanoine.

Il occupait une maisonnette bien tenue. Il y vivait à l'abri des tracasseries et s'occupait à feuilleter ses livres.

« L'esprit public à Bayeux, nous dit-il, est bon. Tant que vous ne chercherez pas à figurer, on ne s'occupera pas de vous ».

Il avait dit vrai. Pendant tout le temps que nous passâmes à Bayeux, nous ne fûmes pas inquiétés le moins du monde.

Nous allâmes voir la mer à un lieu nommé *District de Bayeux*. Là, quelques maisons propres et assez bien bâties annonçaient l'aisance. Une femme bien avenante nous dit : « Bonjour, messieurs » ; puis elle nous offre de faire chez elle un déjeuner aux huîtres.

— Mon mari est pêcheur, ajouta-t-elle ; c'est notre état.

Nous entrons chez elle un instant, et nous y voyons une table et une armoire parfaitement cirées, de la vaisselle luisante. Tout le ménage était tenu avec la plus grande propreté,

— Eh bien ! madame, lui dit l'abbé Blanche, préparez-nous quelques huîtres ; nous allons les avaler en repassant.

— Avec plaisir, messieurs.

Si elle eut dit, citoyens, elle ne nous aurait peut-être pas revus.

Au retour, deux douzaines d'huîtres bien lavées, bien écaillées nous attendaient. Nous trouvâmes tout très appétissant et à très bon marché.

Les parties de plaisir s'étaient éloignées de nous, mais nous les retrouvâmes à Bayeux. Quelle agréable récréation pour nous, après tant de vicissitudes, que de pouvoir, en nous promenant tranquillement, aller faire un déjeuner d'huîtres sur le bord de la mer, dans une maison où nous étions reçus avec cette franchise, cette affabilité, qui paraissait exprimer les caractères de l'amitié ! Ramasser des coquillages sur la grève, atteindre le sommet des digues en grimpant, ainsi s'écoulèrent nos jours tant que la saison nous le permit. Nous étions vraiment trop bien pour des confesseurs de la foi, mais le mois de janvier 1792 approchait, année dans le cours de laquelle nous eûmes sujet de dire, bien des fois, que le bon Dieu ne voulait pas de nous. Ce qui me reste à raconter, le croira qui voudra : je ne veux dire que la vérité.

XLVI. — 1792. — Paris. — l'Abbé

Coupard. — M. l'abbé Coupard, poursuivi à Mortagne par la haine et par la calomnie, accusé en même temps de donner beaucoup d'argent aux ennemis de la patrie, continuellement harcelé par ceux qu'il avait habillés et nourris, s'était réfugié à Paris, ne pouvant plus tenir dans cette ville qu'il avait comblée de ses bienfaits. Une correspondance active s'établit entre lui et nous. Ignoré à Paris, ne sortant point, il nous vantait la tranquillité dont il jouissait. De notre côté, nous lui faisions part du bonheur que nous avions trouvé à Bayeux. Alors, il était bien, nous étions bien ; c'était à nous de nous y tenir en attendant mieux. Vers la mi-janvier, il nous appela près de lui à Paris. Bien résolus à aller le rejoindre, ce mois, ainsi que le mois suivant, s'écoula en ajournements ; mais nous ne partirons pas de Bayeux pour Paris sans quelques rencontres plus ou moins périlleuses. A Port, près Bayeux, j'essuyai un assaut à coups de pierres, un beau jour de février que je me promenais sur la grève.

Notre séjour à Bayeux ne fut pas signalé par d'autres aventures.

Nous recevions des lettres de Mortagne et de Moulins. Elles s'accordaient à nous peindre l'horizon de ces localités sous des couleurs moins sombres, et même dans quelques-unes, notamment dans celles de ma mère, nous étions engagés à rentrer chez nous. Le district, nous disait-on, s'est aperçu que sa mesure d'exil à dix lieues n'est bonne à rien, puisqu'elle n'aboutit qu'à faire changer de place des hommes qui peuvent mettre le trouble partout.

A Bayeux nous jouissions de la plus parfaite tranquillité. Personne ne paraissait s'occuper de nous. Nous n'entendions ni la *Carmagnole*, ni le terrible *Ça ira*, et, s'il y avait un club, il ne faisait pas de bruit. Ces criailleries, ces huées, ces avanies auxquelles nous avions été tant de fois exposés ne nous atteignirent pas une seule fois. Nous devions donc y réfléchir avant de quitter Bayeux.

D'un autre côté, bien que nous n'eussions à payer à M. Laurent que chacun trente francs par mois, nos assignats s'en allaient promptement et ceux qui nous restaient diminuaient chaque jour de valeur. Nous avions appris aussi que déjà d'autres ecclésiastiques revenaient de leur campagne d'exil et se montraient impunément. Ces dernières considérations l'emportèrent sur les premières, et nous déterminèrent à reprendre la route de Moulins.

M. Laurent eut la complaisance de nous conduire lui-même dans son cabriolet jusqu'à Caen. Une voiture publique nous reçut et nous déposa à Falaise dans une auberge dont nous n'avons pas su le nom, car nous y arrivâmes trop tard, et nous en partîmes trop tôt pour pouvoir lire l'enseigne. C'était le 2 mars 1792. Une grande femme cocardée nous reçut. La cocarde en dit assez.

— Est-ce que vous êtes la maîtresse ?

— Non.

— Où sont les maîtres ?

— Ils sont à la séance du club qui n'est pas loin.

Elle nous proposa de nous y conduire, mais nous lui répondîmes :

— Donnez-nous promptement à souper. Nous avons besoin de repos.

Elle met alors sur le fourneau ce qui est nécessaire pour nous préparer à souper et ne cesse de nous accabler de questions.

— D'où êtes-vous ?... Quel est votre état ?... Où allez-vous ?...

Puis elle tomba sur les aristocrates, sur les nobles et sur les prêtres, et finit par voir que nous n'étions pas de son bord.

— Tenez, nous dit-elle, vous m'avez bien l'air de deux *frocards*.

— Et vous d'une impertinente.

Pour nous en débarrasser, nous lui dîmes de nous indiquer notre chambre. La séance avait été longue apparemment et probablement intéressante, car les maîtres n'étaient pas encore rentrés.

Nous allâmes nous coucher, bien décidés à partir dès qu'il ferait petit jour. Le lendemain donc, de grand matin, nous nous disposâmes à partir. Nous trouvâmes la servante à la porte de la cuisine et nous lui payâmes ce qu'elle nous demanda, sans marchander. Nous nous estimions heureux d'être sortis sains et saufs de cette maison-là.

Tous les jours, des petites voitures allaient de Falaise à Argentan. Nous allâmes porter nos valises à la voiture, et nous prîmes les devants, afin de déjeuner dans quelque auberge sur la route, en attendant la voiture. Nous avançions en examinant les auberges, car nous désirions en trouver une où il y eût peu de monde, qu'elle fût d'ailleurs bonne ou mauvaise.

Celle où nous nous arrêtâmes de préférence n'était pas mal choisie. Il n'y avait dedans que deux étrangers qui buvaient de l'eau-de-vie. Il nous demandèrent des nouvelles des aristocrates, des prêtres et aussi de la guerre. Nous leur racontâmes ce que nous pouvions leur dire sans nous compromettre. Ils parurent satisfaits de nous. Nous eûmes le temps de faire un déjeuner confortable qui nous permit de traverser Argentan sans nous arrêter.

XLVII. — ARGENTAN. — SÉEZ. — RETOUR A LA BURLIÈRE. — La voiture nous prit sur la route et nous déposa à Argentan. Quand nous arrivâmes dans cette ville, elle était en grand émoi. On venait d'y apprendre l'arrestation de la reine, et l'on chantait :

> Madame Veto avait promis
> De faire égorger tout Paris,
> Etc..., etc...

Ce couplet courait les rues. La reine, arrêtée à Varennes, était entre les mains des égorgeurs.

Pour aller à Séez, comment nous y prendre ? Il n'y avait plus de voitures pour y arriver pendant la nuit, et il n'y avait pas de sûreté pour nous à nous y rendre pendant le jour.

Pendant que nous étions dans cet embarras, nous apercevons une femme qui avait amené à Argentan sur son âne deux paniers pleins et qui s'en retournait sur la route de Séez, ses paniers vides. Aussitôt je m'approche d'elle et je lui dis :

— Madame, allez-vous loin sur cette route ?

— A deux lieues... pourquoi me demandez-vous ça ?

— C'est que, si vous vouliez mettre un petit paquet dans chacun de vos paniers, vous seriez payée.

— Je ne demande rien, répondit-elle.

— Ayez la bonté de m'attendre là, lui dis-je, je reviens tout à l'heure.

Aussitôt je cours à l'endroit où était resté l'abbé Blanche ; j'apporte les deux valises et j'en mets une dans chaque panier.

Mais que ferons-nous de nos valises quand la femme et l'âne nous auront abandonnés au bout de deux lieues ?

Lorsqu'elle fut arrivée en face du chemin qui conduisait à sa maison, la femme nous dit :

— C'est par là que je vas chez nous.

— Toute peine mérite salaire, ma bonne femme, répondîmes-nous. Tenez, voilà une pièce de trente sous.

— Non, non, dit-elle. Enfin, sur nos instances, elle accepta.

— Eh bien ! quand votre âne aura mangé, si vous vouliez venir jusqu'à Séez, nous allons vous payer le double.

L'argent était rare à cette époque, et deux pièces de trente sous ne se trouvaient pas dans le pas d'un cheval ni dans le pas d'un âne.

Après avoir réfléchi un instant, la femme nous dit :

— Venez avec moi, je demeure tout près d'ici ; je vais en parler à mon mari.

Nous la suivîmes. Son mari était dans le jardin. Dès qu'il nous aperçut, il vint à nous et remarqua nos valises qui étaient dans les paniers. Sa femme lui montra la pièce de trente sous qu'elle avait reçue et lui dit qu'un écu lui était offert pour aller jusqu'à Séez.

— C'est moi, dit-il, qui y vas.

Nous prîmes notre temps et nos mesures

pour arriver nuitamment (3 mars 1792). Dès que nous fûmes arrivés à Séez, nous allâmes prier cette veuve qui nous avait déjà hébergés, de recevoir nos valises et de les faire parvenir à ma mère à Moulins-la-Marche.

Nous passâmes chez elle la moitié de la matinée.

Ce jour-là, il y avait à Séez ordination dans la cathédrale ou dans la chapelle de l'évêché, par ostentation sans doute, car elle s'était toujours faite jusqu'alors dans l'église du séminaire. Nous rencontrâmes les ordinands qui se rendaient processionnellement au séminaire. Ils chantaient le *Te Deum*. Pauvres jeunes gens ! Encore quelques feuillets, et ils arrivaient au *De Profundis*.

Nous passâmes inaperçus dans la cité sagienne.

Sur le soir, nous nous approchions du domicile de mon oncle Bureau et nous n'en étions plus guère qu'à une lieue. Fûmes-nous connus, ou fûmes-nous suspects ? Je ne sais, mais trois patriotes nous suivirent dans les ténèbres, pendant près d'un quart de lieue, en hurlant contre les aristocrates. Nous arrivâmes chez mon oncle sous ces fâcheux auspices et nous allâmes nous reposer dans notre étable.

Le lendemain (4 mars 1792), dans la crainte d'une perquisition, nous allâmes, l'abbé Blanche et moi, nous cacher dans ma trogne.

Nous végétions ainsi chez mon oncle dans le plus complet isolement, presque jamais à la maison, et presque toujours dans notre étable ou dans le bois. Vint un jour notre François tout consterné :

— Vous êtes découverts et menacés, nous dit-il ; les gars de Moulins doivent bientôt venir pour vous prendre. Savez-vous qu'un prêtre comme vous a été pris et attaché à une échelle entre deux religieuses, et qu'ils ont été jetés tous trois à *l'iau*, lui, pour avoir dit la messe dans une chambre, et elles, pour l'avoir entendue ? Savez-vous qu'une pauvre religieuse a été affourchée sur un âne, dont le dos avait été enduit de poix, et qu'elle a été promenée longtemps dans cet état.

François ne put nous dire où ces scènes s'étaient passées ; il les avait entendues raconter à Moulins.

Le récit de ces persécutions commises par les patriotes venait de temps en temps jusqu'à nos oreilles, et cela nous montrait le progrès des idées révolutionnaires dans l'esprit du peuple. La populace était endoctrinée à un tel point que les meneurs lui faisaient croire les choses les plus absurdes et l'excitaient à leur gré à commettre les crimes les plus atroces et les plus révoltants.

XLVIII. — GASPRÉE. — LE LINETIER. —

La peur nous tenait, et, dans la crainte

d'être découverts à la Burlière, nous allâmes coucher chez le meunier de mon oncle, mais cette nouvelle retraite, éloignée seulement d'une demi-lieue de notre étable, n'était qu'à moitié sûre, car le meunier était généralement considéré comme un ami des aristocrates et des réfractaires.

Ce brave homme ne nous garda que trois ou quatre jours, et nous conduisit, au clair de la lune, dans une bonne maison, située à deux lieues de là, en la paroisse de Gasprée.

Bonne mine, aisance, propreté, bon accueil, et, ce qui valait mieux, sûreté, du moins on nous le dit, voilà les précieux avantages que nous crûmes avoir trouvé, toutefois sans nous faire illusion. En effet les esprits, montés comme ils l'étaient alors, ne nous présentaient qu'un avenir effrayant.

Une ou deux semaines s'écoulèrent pendant lesquelles la *terrible Nation* nous permit de respirer. Un jour, pendant que nous déjeunions sur les dix heures, entra un homme qui portait des pesées de lin, et qui cherchait, disait-il, des fileuses. D'où venait-il ? Personne ne le savait, car il n'était pas connu dans le pays... Savait-il chez qui il se trouvait ? Je l'ignore, mais s'il ne le savait pas, il voulut l'apprendre, et s'y prit bien.

Il avait surtout bonne langue et le talent

de se contrefaire. Les intrus, les schismatiques, les apostats, les Le Fessier, Cucu et Malassis, il envoyait ces gens-là à tous les diables avec des exécrations ronflantes. Ce sans-gêne dans ses paroles lui fit gagner un dîner et même notre confiance.

Mais notre heure n'était pas encore venue.

Ce linetier, en effet, était surveillé, car dans ces jours mauvais, où la persécution contre les honnêtes gens sévissait de toutes parts, la divine Providence veillait à ce qu'il y eût partout des personnes dévouées à la bonne cause pour donner aux gens de bien des avertissements salutaires et les préserver du danger.

A trois lieues de notre résidence, ce linetier avait fait jeter à l'eau une religieuse de la communauté de la Providence, attachée sur une civière. De bons catholiques s'empressèrent de venir nous l'apprendre, dès qu'il nous eut quittés. *Les plus chauds patriotes* s'étaient alors acquis par leurs prouesses le nom *d'enragés* ; le linetier méritait certainement d'être appelé *le plus enragé des enragés.*

Pour nous mettre à l'abri de toute surprise, nous retournâmes de suite chez notre meunier, et nous apprîmes dans les vingt-quatre heures que *l'enragé* linetier était revenu à Gasprée avec d'autres séïdes, munis de cordes, afin de nous lier et de nous emmener en prison.

Ils trouvèrent le nid, mais les oiseaux étaient dénichés.

Nous restâmes au moulin jusqu'au soir, de là nous allâmes à la Burlière, puis chez Mme Blanche. Ma cousine Barbe se chargea de prévenir ma mère de mon changement de domicile.

Les domestiques de Mme Blanche, tous dévoués à notre cause, avaient pratiqué de leur mieux des moyens d'évasion vers la forêt, et l'un ou l'autre d'entre eux était presque toujours comme en vedette pour éviter toute surprise. Nous ne sortions que la nuit, et c'était toujours avec la plus grande crainte. Aussi nos sorties étaient rares.

Etre ainsi jour et nuit sur les épines, et ne pas pouvoir connaître la fin de cette triste position, qui pouvait se prolonger longtemps encore, était un genre de vie bien pénible, et notre existence ressemblait pour ainsi dire à un cruel martyre.

Chaque soir, François venait nous apprendre quelques nouvelles. Il n'y avait pas de meilleur chercheur que ce garçon-là pour trouver ce qu'il y avait de nouveau, et dans ses recherches il était bien servi par deux affidées. L'une était la *fée Carabosse.* Il y avait à Moulins une vieille petite bossue, à la figure de singe, aux yeux de chat, qui raffolait en révolution. On l'avait surnommée la Bossue-Marat ou fée Carabosse. A l'occasion de l'arrêté du directoire qui nous exilait à dix lieues, sa verve poétique s'était échauffée, et elle avait fait deux couplets contre nous et contre les aristocrates.

François, qui les avait entendu chanter dans les rues de Moulins, nous les fit connaître, et comme il en savait l'air parfaitement, nous lui dîmes de les chanter.

Les voici :

I

> Aristocrates, n'allez pas à Moulins,
> Car on vous cherche pour vous casser les reins,
> Aristocrates, n'allez pas à Moulins.

II

> Aristocrates, n'allez pas à'Lençon,
> Car on vous cherche pour vous mettr'en prison,
> Aristocrates, n'allez pas à'Lençon.

L'autre affidée était la Harpie, sobriquet que l'on donnait à la femme Creveux.

« Vous ne savez pas, nous racontait un soir François pendant que nous soupions, vous ne savez pas ce qu'elles disent de vous. Eh ben ! la Gastine a dit qu'il fallait vous mettre hucher avec les pies, et la Creveux, elle, criait tout haut qu'il fallait vous tuer et vous mettre en morceaux. »

Il ne s'écoulait pas un seul jour sans que ce brave garçon nous rapportât quelque histoire plus ou moins révoltante. Quand il tombait sur les prêtres constitutionnels et sur les scandales qu'ils donnaient presque partout, il était facile de reconnaître que le mal était déchaîné et que toute liberté était laissée aux méchants pour agir et pour persécuter les honnêtes gens.

Nous étions au mois d'avril 1792. Nous songeâmes sérieusement alors à quitter furtivement le sol français. Nous n'étions embarrassés que par la difficulté de mettre notre projet à exécution.

XLIX. — Verneuil. — Le Marchand de Poiré. — Pendant que nous étions ainsi dans l'indécision, une lettre de M. l'abbé Coupard nous fut remise par François. Nous y lûmes entre autres choses :

« Paris est un monde ; ici on ne s'occupe
« pas de l'individu qui ne se mêle de rien.
« Pour être oublié, perdu dans la foule, il
« ne faut que le vouloir. Venez ; nous vous
« attendons ».

Déjà sa nièce, Mme de Tholmer, dont le mari était émigré, s'était évadée de son château, près de Pont-Audemer, où le gouvernement républicain la retenait comme otage, *en qualité de femme d'émigré* et elle était allée le rejoindre à Paris.

Dans cette grande ville, nous disait M. l'abbé Coupard, nous devions trouver liberté, indépendance, sécurité. Nous ajoutâmes foi à ses paroles, et laissant de côté notre projet d'expatriation nous résolûmes de répondre de suite à l'invitation du meilleur de nos amis. Pour nous rendre à Paris, nous devions prendre les grandes diligences à Verneuil. Mme Blanche nous fournit des chevaux pour nous y conduire, et François, qui devait les ramener, nous y accompagna. C'était vers le 15 avril 1792.

A Verneuil, dans la salle d'attente où étaient les voyageurs, nous renouvelons connaissance avec un proscrit comme nous. Il allait, venait, nous toisait des yeux et clignait sur nous. Il ne causait à personne. Vint un moment où il put dire furtivement à l'abbé Blanche : « Je suis ici marchand de poiré, mon ami ». Ils avaient étudié ensemble. C'était l'abbé Bailly, natif de Bivilliers. Longue barbe noire, guêtres de grosse toile, gros souliers ferrés, sarreau de treillis, culotte bigarrée, gilet rouge, chapeau ci-devant noir, et présentement couleur d'amadou, tel était l'accoutrement de M. l'abbé Bailly. Nous le retrouverons en Belgique et en Allemagne.

A Verneuil et dans les environs, il vendait du poiré en gros, c'est-à-dire, à la pipe ou au tonneau, pour le compte de ses frères et portait avec lui des échantillons, comme un commis-voyageur.

CHAPITRE V

Paris. — Rouen

L. — Nous voila a Paris. — A notre arrivée à Paris, nous prîmes un fiacre qui nous conduisit à l'adresse de M. l'abbé Coupard. Comme il n'avait de logement que pour lui, pour sa nièce Mme de Tholmer, et pour ses deux domestiques, il nous fit aussitôt conduire à Bourbonne-les-Bains, rue Saint-Louis-au-Marais, où il avait trouvé une chambre.

Le rendez-vous de l'émigration était Coblentz. Le mari de Mme de Tholmer y était. Mariée depuis trois ans seulement, mère, loin de son enfant, loin de son château, sous la loi des otages, car les femmes d'émigrés étaient gardées en otages, elle ne se désolait pas trop. Elle voyageait souvent par la pensée de Paris à Coblentz, et l'espoir de revoir bientôt, à la suite des princes, son mari qu'elle ne revit jamais, la consolait et l'encourageait. Elle nous chantait quelquefois :

> J'avons enfin la guerre,
> C'est un fléau que cela.
> Mais on dit que la misère
> Ne peut finir que par là.
> Encor ce p'tit coup de tête,
> Et ça ne dur'ra pas longtemps,
> Car bientôt viendra la fête,
> La fête des bonnes gens, etc., etc...

A Coblentz, il eut fallu des soldats et il n'y avait guère que des officiers. Former des régiments d'hommes, qui voulaient tous commander, n'était pas chose facile : ce fut sans doute par ce motif que l'armée de Condé fut si mal soutenue par les alliés.

Ce fut là aussi, peut-être, ce qui détermina beaucoup d'émigrés à rentrer en France. Nous fûmes signalés comme émigrés rentrés, l'abbé Blanche et moi. Dans une rue vinrent à nos oreilles ces mots : *Voilà des Coblentz !*

Un oncle de Mme de Tholmer était déjà revenu de l'émigration. Dès les commencements, il avait vu Coblentz et ne voulut pas en voir davantage. Plein de sinistres pressentiments, il pensait que ça tournerait mal. Chaque fois qu'il en causait : « Mal va, mal va, disait-il ».

Par un beau jour, Mme de Tholmer me dit : Si vous voulez, nous allons aller faire visite à mon oncle. Dûment cocardé, mes cheveux liés *en catacoua* dans un beau ruban de soie noire, mon bel habit vert, mon beau gilet, mes beaux bas blancs pouvaient très bien me faire prendre pour un Coblentz, mais pas pour un abbé. Nous prenons les boulevards et d'un pas rapide nous allons chez l'oncle. Un très grand gars de vingt-cinq à trente ans, tout habillé de toile, vient droit à nous ; puis il porte ses doigts à ses lèvres, étend ses bras, m'arrête et s'écrie : « Ah ! monsieur l'Abbé !.... monsieur l'Abbé !.... » Je dus faire une drôle de figure..... et la nièce de M. l'abbé Coupard, qui me suivait de près, je ne la vis pas même disparaître. Le farceur et les passants riaient. Stupéfait, étourdi, je tournai par la première rue qui se présenta. Quant à Mme de Tholmer, elle revint aussitôt sur ses pas et se rendit promptement chez son oncle l'abbé.

— Ah ! que j'ai eu peur, me dit-elle, quand elle me revit ; je craignais pour vous quelque malheur..... Mais ce grand homme vous connaissait donc ?

— Je ne sais pas, répondis-je, mais je ne me rappelle pas l'avoir jamais vu. Peut-être est-il de Mortagne ?.... Peut-être est-il de Moulins ou des environs ? Telle fut ma première aventure à Paris.

Beaucoup d'autres m'étaient réservées. Voici la seconde et la troisième ; je passe sous silence les autres dont la mention pourrait devenir fastidieuse.

LI. — La Cocarde. — Le fils de mon oncle Bureau, ex-sous-principal au collège d'Harcourt, n'avait pas quitté Paris. Il y faisait l'éducation d'un jeune homme de grande maison. Je passais un jour sous les arcades du Palais-Royal pour me rendre au Luxembourg, à un cabinet de lecture, où mon cousin, l'abbé Bureau, m'avait donné rendez-vous. Ma cocarde s'était détachée et perdue. Une dame qui était à son comptoir, me fit un signe bienveillant pour m'inviter à entrer.

— Vous n'avez plus de cocarde, me dit-elle..... Vous vous exposez. Entendez-vous les tambours ? Il y a du mouvement dans les rues ; donnez-moi votre chapeau.

Je le lui donne et elle y coud une large cocarde. Je tire ma bourse, et je lui demande combien je lui dois. Elle me répond :

— Rien, monsieur l'Abbé.

Préoccupé de ce procédé si imprévu, si désintéressé, je lui dis :

— Mais me connaissez-vous, madame ? Nous sommes-nous quelquefois rencontrés ?

— Monsieur l'Abbé, me dit-elle en souriant, je vous vois pour la première fois.

— Mais, madame, ajoutai-je.....

— Ne soyez pas surpris, reprit-elle ; le caractère de prêtre est imprimé sur votre figure.

Je lui fis mes sincères remerciements, auxquels elle répondit gracieusement.

Une autre fois, nous nous promenions, l'abbé Blanche et moi, par la belle et large rue Saint-Louis-au-Marais. Vis-à-vis d'une boutique, nous entendîmes une femme qui disait :

— Tiens ! voilà deux Coblentz.

— Non, non, reprit une autre, ce sont deux abbés.

Nous sentions très bien que, malgré nos

précautions, nous n'étions pas perdus dans la foule, et que M. l'abbé Coupard, qui ne sortait point, s'était fait illusion, quand il nous écrivait qu'on ne s'occupait pas à Paris d'un individu qui ne se mêlait de rien.

LII. — Un Gentilhomme Gascon. — En 1789 et 1790, ce gentilhomme, qui commandait la gendarmerie à Mortagne, dînait quelquefois avec nous chez M. l'abbé Coupard, et ne manquait jamais à s'illustrer par le récit de ses hauts faits passés et à venir. Il raffolait de la *Gazette de France*, rédigée par M. du Rosoy, ce royaliste intrépide qui à ce titre porta sa tête sur l'échafaud. Les endroits les plus véhéments, les phrases les plus hardies, il les paraphrasait en portant la main sur la poignée de son épée.

Destitué en 1790, il alla fixer son domicile à Paris. Nous le revîmes plusieurs fois chez M. l'abbé Coupard. Ce gentilhomme nous parut plus intrépide que jamais. A chacune de ses visites, son épée, excellente lame, trempée à percer une cuirasse, figurait toujours sur une table. Souvent il la dégaînait et mettait un genou en terre pour nous montrer comment on enfile un homme. Il ne manquait jamais de nous rassurer sur le sort de Louis XVI. « Ils étaient, nous disait-il, vingt mille chevaliers qui, comme lui, avaient fait serment sur leurs épées de défendre le roi et de sauver la monarchie.

Au besoin, ils se feraient tuer sur les marches du trône. Cette coalition vraiment formidable, elle n'attendait que le moment de se montrer ».

Ce moment arriva plusieurs fois, mais le gentilhomme gascon et ses vingt mille compagnons d'armes ne parurent pas, ou bien, s'ils parurent, ils firent sans doute comme ce gentilhomme, une fois que je me trouvais avec lui aux Tuileries. Un jour que ce gentilhomme m'avait invité à déjeuner, il me proposa, quand nous fûmes levés de table, une promenade aux Tuileries. Il prit son épée et la plaça sous sa redingote. Était-ce volontairement, ou par distraction, je ne sais ?

Comme nous approchions des Tuileries, les tambours se font entendre. Il s'arrête et écoute. « Comment ! dit-il, on bat le rappel !.. Tenez, tenez, prenez vite..... Je ferais du malheur ». Sans faire attention, je prends ce qu'il me donne, et je suis fort étonné de tenir son épée. Pour lui, il était déjà loin. En brave gascon, il s'était dérobé de son mieux.

Mais son épée, fort compromettante surtout dans un pareil moment, je ne la tins pas longtemps entre mes mains. Je la jetai bien vite dans un atelier de tailleurs qui se trouvait là sur ma droite, et je m'esquivai promptement.

Je fus plusieurs jours sans revoir ce

gentilhomme. A notre première entrevue, je lui parlai de son épée dont il ne me parlait pas, et je lui appris l'usage que j'en avais fait à l'endroit même où le rappel l'avait effrayé. Il me répondit qu'il s'en était douté, qu'il l'avait réclamée et qu'elle lui avait été rendue. Puis il ajouta qu'il n'avait nullement eu peur, mais que le moment de se servir de son épée n'était pas encore arrivé, et qu'au risque de la perdre il avait voulu se conserver pour le service du roi.

Hélas! pour lui, le moment de se servir de son épée n'arriva jamais, et le roi mourut, avant que le gentilhomme gascon eut exposé sa vie pour défendre celle du roi.

Les braves n'ont jamais besoin de s'excuser, parce qu'ils ne reculent jamais devant le danger, et exposent toujours bravement leur vie. Les lâches, au contraire, ont toujours besoin de s'excuser. Quand l'occasion de montrer cette bravoure, dont ils font toujours parade, se présente, ils vont en arrière et reculent constamment en face du danger.

LIII. — Tribunes publiques. — J'avais le désir d'assister à une séance de l'Assemblée législative, mais il me fallait obtenir une place dans les tribunes publiques, d'où l'on pouvait voir et entendre les députés faire leurs discours.

Pour accéder à ces tribunes, il y avait un certain ordre à observer. A cette époque où l'égalité venait d'être proclamée, les députés la faisaient observer pour l'admission aux tribunes publiques. Point de privilège. Ceux qui désiraient assister à la séance de l'Assemblée législative s'alignaient et se rangeaient le long des murailles du palais de la Chambre des députés, à mesure qu'ils arrivaient, et personne ne pouvait monter l'escalier qui conduisait aux tribunes qu'en suivant son rang d'arrivée.

Pour voir ce volcan politique, dont les laves terribles ravageaient toute la France, j'allai m'aligner avec les autres, et avec eux et comme eux, je pris place dans une tribune.

Ce jour-là, l'orateur, qui monta à la tribune de la Chambre, déroula un volumineux cahier, qu'il lut en gesticulant et en déclamant avec emphase. Il arriva enfin à cette exclamation : « On voit partout des croix, et l'on ne trouve pas une pierre sur laquelle soit écrit : Brutus est là ! » A ces paroles, les députés et les tribunes trépignèrent d'admiration ; les pieds, les mains et les bras ne cédèrent qu'à l'épuisement.

A la fin du discours qui dura plus d'une heure, Dumouriez, alors ministre de la guerre, se leva et dit de son banc : « Si un ministre pouvait être effrayé entre l'étendue de son devoir, et les difficultés de le remplir, il en serait rassuré par l'excellent discours qu'il vient d'entendre ».

Ces croix partout, ces Brutus nulle part,

cet enthousiasme des auditeurs, ces crieurs publics du journal du soir, qui circulaient dans les rues, en vociférant : *Brutus et les croix*, tout cela était d'un augure bien sinistre.

Je me souviens qu'à cette occasion un vieillard nous dit : « Nous ne sommes pas au plus creux, du train dont on y va. L'autel et le trône, déjà tout ébranlés, s'écrouleront de fond en comble, et la France nagera dans le sang, avant qu'une année soit révolue ».

LIV. — 20 Juin 1792. — Le 20 juin 1792, j'allais au Luxembourg. Tout à coup débouchèrent par plusieurs rues des bandes innombrables, composées de tout ce que Paris renfermait de plus ignoble et de plus dégradé. A la vue de ces hordes effrénées, de ces figures hagardes, il y avait de quoi faire rougir de honte et plonger dans la stupeur tout homme qui ne sait point jusqu'à quel degré d'avilissement peut descendre l'espèce humaine. C'était une cacophonie assourdissante de chants et de criailleries révoltantes : les *Ça ira*..... les *Dansons la Carmagnole*.—.. les *Madame Veto*..... les *Vive la Nation*..... les *A bas le tyran*..... les *Vivent les sans-culottes* retentissaient de toutes parts et paraissaient monter jusqu'au nues. Les uns portaient des piques ; les autres avaient des sabres, tous ou presque tous tenaient un rameau vert à la main. Une bande de ces misérables portait, comme drapeau, au bout d'une pique, un vieux pantalon déchiré.

Tous ces émeutiers, hommes et femmes, avaient été recrutés à raison de quarante sous par tête, pour faire partie de cette manifestation contre Louis XVI, dont on préparait activement la chute.

Ces cohortes tumultueuses se dirigèrent donc sur les Tuileries. Divisées en deux corps, l'un se présenta sur le Carrousel, l'autre dans le jardin des Tuileries.

Le jardin en paraissait tout couvert, mais les vociférations, poussées par les manifestants qui se trouvaient sur le Carrousel, étaient plus bruyantes que celles du jardin : ce qui me porterait à croire qu'au Carrousel il y avait plus d'émeutiers que dans le jardin. Un journal du soir porta les assiégeants au nombre de trente mille.

Ceux du jardin ne furent que simples spectateurs. Le château des Tuileries, qui n'opposa aucune résistance, fut envahi par la division du Carrousel qui y entra tumultueusement.

Une fois entrés, ces émeutiers parvinrent à mettre la main sur la personne du roi, que sa trop grande bonté empêchait de se défendre. Ils le coiffèrent ainsi que la reine et le dauphin, d'un bonnet rouge, et les conduisirent tous trois à une des fenêtres ouvertes.

Quand la foule des envahisseurs vit paraître à la fenêtre le roi, la reine et le dauphin, tous trois coiffés d'un bonnet rouge, ce fut une explosion générale d'acclamations chaudement patriotiques.

Orgie à jamais exécrable ! Je crois que les journaux de ce temps-là la peignirent sous des couleurs plus fidèles et plus vraies que ne l'ont fait les historiens qui la rapportent.

LV. — M. L'ABBÉ HIRON. — Quand je quittai le séminaire de Séez en 1788, M. l'abbé Hiron était diacre ; l'année suivante il fut ordonné prêtre. Jamais je ne l'ai revu depuis 1788.

Au mois de juillet 1792, le portier de l'hôtel où nous logions à Bourbonne-les-Bains me remit une carte de visite sur laquelle était écrit : « A Monsieur Marre, Monsieur Hiron, au Palais-Royal, numéro vingt-quatre ».

Avoir l'occasion de revoir un ami de séminaire, caché comme moi à Paris, et persécuté pour la même cause, c'était pour moi un véritable bonheur. Aussi je m'empressai de me rendre chez lui. J'eus beau chercher à l'adresse indiquée ; il me fut impossible de trouver M. Hiron. L'adresse qui m'avait été remise était sans doute inexacte. Depuis cet époque, je n'ai pas entendu parler de ce prêtre, et, malgré mes recherches, je n'ai pu savoir ce qu'il était devenu pendant et depuis la Révolution.

LVI. — Nuit du 2 Août 1792. — M. l'Abbé Chatelier. — Les scènes révolutionnaires du 20 juin 1792 préludèrent pour moi à une conjoncture plus sérieuse, celle du 2 août.

Tous les hôtels devaient inscrire sur un registre spécial les noms, prénoms et qualités de leurs pensionnaires. C'était là une précaution utile à la police, car un commissaire seul pouvait s'assurer de nous. Il n'en fut pas ainsi heureusement dans la nuit du 2 août.

Cette nuit-là, des agents de police vinrent, en vertu de la loi, compulser les registres de notre maître d'hôtel. Grâce à M. l'abbé Châtelier, nous en fûmes avertis, et je crois encore à présent que cet avertissement qu'il nous donna nous sauva la vie, car si nous étions restés dans cet hôtel quelques jours de plus, il est probable que nous aurions augmenté le nombre des victimes des 2 et 3 septembre 1792.

Curé dans les environs de Mortagne, à Saint-Ouen-de-Sécherouvre, M. l'abbé Châtelier était l'un de ces deux curés qui, sur le bruit que nous avions été assassinés, l'abbé Blanche et moi, sur le chemin de Moulins, le jour de la Fête-Dieu de l'année précédente, étaient allés le jour même à Mortagne pour y prêter le serment. A leur retour, ils entrèrent au presbytère de Sainte-Céronne et furent fort mal reçus par le vaillant curé de cette paroisse.

M. l'abbé Châtelier ne persévéra pas longtemps dans ce malheureux serment que la peur lui avait arraché, et une fois rétracté, il se réfugia à Paris pour s'y perdre dans la foule, comme tant d'autres essayaient de le faire.

Le 1er août, il avait soupé chez une dame de sa paroisse qui avait quitté son château de Saint-Ouen pour venir à Paris chercher la tranquillité, et, vers une heure du matin, il se rendait au logement qu'il occupait. En passant près de Bourbonne-les-Bains où nous étions logés, il vit à la porte de notre hôtel un groupe d'hommes armés. Aussitôt l'inquiétude et la tristesse s'emparèrent de lui. Il n'en dormit point, car nous étions amis. De grand matin, il frappait à notre porte, car il voulait nous prévenir de nous tenir sur nos gardes.

Il nous rapporta ce qu'il avait vu. Nous crûmes d'abord que cela ne nous regardait pas et que la police était à la recherche de quelque malfaiteur.

« Il est de la prudence de vous en assurer », nous dit M. l'abbé Châtelier.

On parlait alors de complots sinistres. Les Jacobins, disait-on, avaient arrêté des mesures atroces dont l'exécution était prochaine. Le fameux Desgrouas m'avait dit *qu'un parti devait être échiné par l'autre;* ce moment-là était sans doute arrivé.

Mettant à profit l'avertissement de M. Châtelier, je fus de suite aux informations.

Je descendis chez l'hôtelier, je ne sais plus sous quel prétexte.

— A propos, lui dis je, est-il vrai que des hommes armés se sont présentés ici cette nuit ?

Il me répondit :

— Ceux qui vous ont dit cela sont des menteurs.

Au même moment entre un ami de l'hôtelier, qui débute en ces termes :

— Nous v'là venir des Marseillais... dans peu de jours, il y aura bien des chambres à louer et des chapeaux à vendre.

Je n'osai pas rester pour entendre la suite. Du même pas, je me rendis chez la portière.

Je lui dis :

— Que cherchaient donc ces hommes qui sont venus là cette nuit ?

— Des déserteurs, répondit-elle.

Peut-être n'en savait-elle pas davantage. Mais, n'importe, ces mots : *Nous v'là venir des Marseillais..... Il y aura bien des chambres à louer et des chapeaux à vendre,* nous apprirent que nous ne pouvions pas être plus dangereusement logés. Nous devions en effet être soupçonnés, ou plutôt connus pour ce que nous étions, puisqu'on avait remis à l'hôtel, peu de temps auparavant, une lettre de Moulins avec cette suscription : *A Monsieur l'abbé Marre.....*

Que faire ? Le parti le plus sage, c'est de déloger au plus vite.

Nous faisons promptement nos valises ; puis, l'abbé Blanche se rend chez l'hôtelier, lui dit que nous sommes obligés de nous absenter pour quelques jours, et lui paie ce que nous lui devons pour notre logement.

Toutefois, je dois ajouter que nous ne descendîmes pas hardiment de notre chambre, et nous eûmes la joie de sortir inaperçus.

LVII. — LE BON DIEU NE VEUT PAS ENCORE DE NOUS. — M. GUY. — DES PASSEPORTS. — Nantis de nos valises, nous suivîmes la rue Saint-Louis-au-Marais, puis nous entrâmes dans la vieille rue du Temple. Nous trouvons, au numéro 2, l'*Hôtel d'Angleterre.* Autant cet hôtel-là qu'un autre. Les renseignements dont nous avions besoin nous manquaient, mais la Providence nous avait conduits.

Au fond de la cour, au premier, il y avait un bel appartement ; il nous est gracieusement accordé. Le nouvel hôtelier prit nos noms et prénoms, et, à son air doux et poli, nous jugeâmes que nous n'avions pas perdu au change. Il se nommait M. Guy. M. l'abbé

Coupard et Mme de Tholmer, sa nièce, dont nous nous étions rapprochés, ce que nous leur fîmes bientôt savoir, vinrent aussitôt visiter notre nouvel établissement. Il nous prit fantaisie d'y dîner et d'y passer tous ensemble le reste de la journée.

Plus d'inquiétudes, plus de soucis... Au fond d'une cour, loin des bruits de la rue, que les Parisiens et les Marseillais se ruent sur leurs victimes, c'est un grand malheur, que nous ne saurions trop déplorer, mais pour nous, il ne nous atteindra pas ! Le soir nous nous couchâmes l'esprit fort tranquille. Cependant notre humeur gaie ne tarda pas à devenir sombre et inquiète.

Nous fûmes réveillés, le matin, par notre nouvel hôtelier. Honnête et obligeant M. Guy, nous vous dûmes la vie ! Oui, dans ce torrent d'iniquités, il y avait encore quelques hommes généreux, qui, quand ils le pouvaient, se faisaient un devoir et un plaisir d'en arrêter les ravages ! Nous étions arrivés au 3 août 1792.

Il vint, ce bon M. Guy, il vint pour nous dire :

— Messieurs, vous êtes prêtres et vous êtes venus hier de Bourbonne-les-Bains... Vous y avez été signalés la nuit dernière... Cette nuit, mon registre a été compulsé. A vos noms je les ai entendus qui disaient : « Tiens ! les voilà ici..... Ah ! ils ont cru nous échapper !... » Messieurs, vous n'êtes pas en sûreté à Paris. Des menées sourdes semblent préparer une horrible tragédie. Si vous m'en croyez, vous allez quitter Paris dès aujourd'hui.

Nous lui répondîmes :

— Oui, monsieur, nous sommes prêtres, nous fuyons la persécution... mais où aller ? Nous n'avons point de passeports.

— A cela ne tienne, pas d'embarras, dit-il. J'ai un ami à qui je sers, et qui me sert aussi quand je l'en requiers... Venez avec moi.

Ce sont là les propres paroles de M. Guy. Elles partaient du fond de son excellent cœur, et je ne les oublierai de ma vie.

Je fus bientôt levé, habillé et je le suivis. Nous passâmes chez M. Morillon, tenant l'hôtel de la *Reillauderie*, à Saint-Louis. Sur l'invitation de M. Guy, il se lève de sa chaise sans dire un mot et nous allons... à quel endroit ? Ces messieurs le savent. Moi je marche à leur suite.

A cette époque déjà si troublée, il y avait encore dans l'administration des âmes grandes, généreuses, qui comme M. Guy et M. Morillon, se plaisaient à protéger les proscrits. J'en fis l'expérience. Ce n'était pas probablement pour la première fois que mes deux et obligeants témoins s'adressaient au bureau où nous entrâmes, car ils furent accueillis avec des poignées de mains. M. Guy n'eut qu'un mot à dire : « Des passeports ».

Je commençai par faire remplir le mien,
et je le copie ici tel qu'il m'a été délivré.
3 Août 1792. — Copie de mon passeport :

MUNICIPALITÉ DE PARIS
Section de la Place Royale

« Certifions que monsieur Noël-Nicolas
« Marre, citoyen français, sans profession,
« ainsi qu'il nous l'a déclaré, natif de
« Moulins - la - Marche, département de
« l'Orne, âgé de vingt-huit ans, taille de
« cinq pieds un pouce, cheveux et sourcils
« noirs, yeux noirs, nez court, bouche
« moyenne, menton rond, front haut,
« visage plein, demeurant rue Vieille-du-
« Temple, numéro 2, dans l'étendue de
« de cette section, nous a déclaré qu'il est
« dans l'intention d'aller par tout le royaume
« et qu'il n'y a nul inconvénient à ce qu'il
« lui soit délivré un passeport, ainsi que
« nous l'ont attesté MM. Guy, tenant hôtel
« d'*Angleterre*, Vieille - rue - du - Temple,
« numéro 2, et le sieur Morillon, tenant
« l'hôtel de la *Reillauderie*, à Saint-Louis,
« citoyens de cette section, qui ont signé
« avec nous, et le dénommé au présent
« certificat.
« Délivré à Paris ce 3 août 1792, l'an IV
« de la Liberté.

« Ont signé :
« GUY, MORILLON, MARRE. FONTAINE, com-

« missaire de police ; Lallemand, secré-
« taire, greffier de police ; Vauterme, com-
« missaire de police ».

Sur le dos de ce certificat : « Passeport ».

« La nation, la loi et le roi. *Municipalité*
« *de Paris*.

« Laissez passer M. Marré, dénommé,
« qualifié et désigné dans le certificat du
« commissaire de police de l'autre part et
« prêtez-lui main forte, aide et assistance
« en cas de besoin.
« Délivré en la maison commune de
« Paris, le 3 août 1792, l'an IV de la Liberté,
« numéro 1925.

« Ont signé :

« Massé, officier municipal, Royer, secrétaire, greffier ».

Puis m'adressant à M. Fontaine :
— Nous sommes plusieurs. Veuillez
m'indiquer l'heure de votre commodité ?
— Sont-ce les mêmes témoins ? dit
M. Fontaine.
— Oui, répond M. Guy.
— En ce cas, voyons de suite. Et M. Fon-
taine me dit : Pour qui les passeports ?
Marqué pour la boucherie, comme des
quadrupèdes engraissés que les bouchers

allaient alors acheter à Poissy, de quels
sentiments ne dûs-je pas être pénétré, en
me voyant l'objet d'un procédé si délicat,
si généreux ! mais quel redoublement de
sensibilité ne dûs-je pas éprouver, quand
on m'offrit avec un air de compatissante
bonté autant de passeports que j'en voudrais ! Sept me furent expédiés, pour ainsi
dire, sous ma dictée. Je donnais le signale-
ment et l'on écrivait. Je désignai M. Coupard, et sa nièce, Mme de Tholmer, puis
M. Blanche et deux domestiques, ce qui
faisait six passeports, y compris le mien.
J'en demandai un septième pour M. Le
Meunier.

Au commencement de ce récit, j'ai dit :
l'un des vicaires de Notre-Dame de Mortagne, était le seul de cette église qui eût
refusé le serment. Il s'était réfugié à Paris,
sa demeure m'était connue. Au sortir du
bureau, j'allai, muni de son passeport, lui
offrir une place dans notre voiture. De nos
sept passeports, ce dernier fut inutile. Cet
abbé, travesti en bourgeois, en pension chez
des bourgeois, qui lui firent entendre que
ceux-là seuls étaient exposés qui demeu-
raient dans les hôtels garnis, se crut bien
en sûreté et se laissa persuader que dans
cette position il ne serait pas recherché. Il
refusa de nous suivre. Pris dans la première
quinzaine d'août, conduit aux Carmes, il fut
massacré le 2 ou 3 septembre suivant. Dans

son enfance, on l'avait surnommé à Mortagne
« le petit Jésus ». Le bon Dieu l'avait trouvé
mûr pour le ciel.

Je me demande s'il serait possible aujour-
d'hui de trouver une autorité qui consentit
à délivrer sept passeports sous la dictée d'un
inconnu assisté de deux témoins. Il est évi-
dent que l'employé et les témoins s'étaient
entendus, et étaient pénétrés des mêmes
sentiments en faveur des opprimés. J'aurais
demandé vingt passeports, je les aurais, je
crois, obtenus. On ne me fit point de questions, point d'observations, et je n'aperçus
aucun signe de répugnance. Tous étaient
dans la même forme que le mien. La diffé-
rence ne se trouvait que dans les noms et
qualités des personnes. J'offris de l'argent,
je veux dire des *assignats* ; on me répondit
affectueusement :

— C'est rien, monsieur.

Comment apprécier, comment reconnaître
la générosité et l'abnégation des signataires
de nos passeports ? Non, le feu de la charité,
cette reine des vertus, n'était pas encore
éteint dans tous les cœurs. Qu'on se reporte
aux circonstances où nous en ressentîmes
les généreux effets ; qu'on se rappelle l'ardeur et l'activité que déployaient les émissaires de la Révolution, qu'on considère les
dangers auxquels s'exposaient ceux qui
favorisaient les aristocrates et les réfractaires, et, à la vue de cette grandeur d'âme,

11

de ce dévouement si périlleux et si désintéressé de nos bienfaiteurs, qui pourrait refuser à leur mémoire un tribut de louanges et d'admiration?

LVIII. — ROUEN. — L'ABBÉ DALMÉNÈCHES. — Deux heures à peine furent employées à l'expédition de mes sept passeports et à ma visite à M. l'abbé Le Meunier, et il nous fallut à peu près le même temps pour emballer nos effets dans la voiture de M. l'abbé Coupard. Pendant que nos malles se faisaient, je courus à la poste chercher des chevaux, et à midi nous étions sur la route de Rouen. Nous espérions trouver enfin la tranquillité dans cette ville réputée pacifique ; puis Mme de Tholmer avait, aux environs de Pont-Audemer, son château où elle avait laissé sa chère enfant aux soins d'une gouvernante, et elle était contente de s'en rapprocher.

Nous allâmes coucher à sept ou huit lieues de Paris, et nous n'arrivâmes à Rouen que le lendemain, 4 août, vers la chute du jour, car les chevaux manquaient aux relais, tant les fuyards étaient nombreux.

A peine descendus à une auberge, rue Saint-Sauveur, nous apprîmes qu'il y avait dans cette même rue, au numéro premier, un hôtel à louer. M. l'abbé Coupard s'y fit conduire de suite. A sa rentrée, il nous dit :

« Je viens de louer le haut de l'hôtel. Il se

composé de chambres garnies et de cabinets, en nombre plus que suffisant pour nous loger commodément, et il y a aussi une remise pour la voiture.

Nous prîmes possession dès le soir même, et un domestique alla s'entendre avec un traiteur, pour qu'il nous envoyât régulière-ment nos provisions de bouche toutes pré-parées. L'abbé Blanche n'eut rien de plus pressé que d'écrire à sa sœur : « Nous sommes à Rouen, rue Saint-Sauveur, numéro pre-mier. Je me suis sauvé de Paris, parce que je crains la grillade..... »

Malheureuse grillade, elle nous occasionna de grands malheurs, comme nous le dirons bientôt.

Dans la même rue, du côté opposé à l'hôtellerie, où nous nous étions arrêtés à notre arrivée, était un grand homme à sa fenêtre. Il vit M. l'abbé Coupard descendre de voiture, tout de noir habillé, perruque frisée et poudrée. Il vit aussi sa nièce Mme de Tholmer, qui aidait avec courtoisie ce vieil-lard de soixante-treize ans à descendre de voiture ; il vit ensuite deux laquais, et enfin deux jeunes élégants, qu'il jugea faire partie du même ménage.

Ce grand homme, ce curieux, c'était.... l'un de mes condisciples, M. l'abbé Dalmé-nèches ; il était là, comme nous, sous le masque d'un habit de couleur. Ceux chez qui il demeurait lui apprirent, dès le lendemain de notre arrivée, que ceux qu'il avait vus, la veille au soir, étaient un évêque et ses deux grands vicaires. Il voulut s'en assurer, et pour cela se tint à sa fenêtre, afin de nous voir quand nous sortirions. Il ne connaissait pas l'abbé Blanche.

Dans la matinée j'eus occasion de sortir. Je passais sous sa fenêtre ; il m'examina, me reconnut et m'appela par mon nom :

— Marre… Marre… C'est toi. Entre donc et monte à ma chambre.

Nous nous donnâmes l'accolade fraternelle et nous parlâmes à notre aise de ceux que nous connaissions, de notre position et de nos traverses.

L'abbé Dalménèches m'apprit aussi que notre arrivée à Rouen avait fait du bruit dans toute la ville, qu'on prenait l'abbé Coupard, pour un évêque, l'abbé Blanche et moi, pour ses grands vicaires, et qu'il était prudent de nous tenir sur nos gardes.

LIX. — Voyage au Château de Mme de Tholmer. — La nièce de M. l'abbé Coupard, mariée en 1789, était devenue mère vers la fin de 1790. Son mari, M. de Tholmer, émigré, et mort depuis dans l'émigration, avait laissé au maillot son unique enfant. Un décret avait statué que les femmes d'émigrés seraient gardées en otage.

Pour se soustraire à cette mesure, Mme de Tholmer avait été contrainte d'abandonner son château, et de confier son enfant aux soins de sa femme de chambre. Elle recevait des nouvelles par l'entremise de son oncle qui correspondait avec la gouvernante. A Paris, elle soupirait sans cesse après son enfant. A Rouen, rapprochée de ce qu'elle avait de plus cher au monde, son cœur de mère en fut vivement ému.

« Hélas ! être si près de ma chère petite, disait-elle souvent, et ne pas la voir ».

La gouvernante avait écrit :

« Adèle est forte et bien gentille. Elle a déjà de jolies petites dents et marche très bien ».

Mme de Tholmer, pâle, suffoquée, demeurait sans parole, ses yeux humides fixés sur la lettre.

Emu de pitié, attendri à la vue de cette mère affligée, je lui dis : « Du courage, madame ; vous la verrez bientôt votre petite, peut-être dès demain. Je pars de suite pour la chercher. Priez le bon Dieu de bénir mon voyage ».

Aussitôt elle attacha à mon chapeau une large cocarde tricolore toute neuve ; puis j'arrangeai ma chevelure à la *Carmagnole*, et le reste de ma toilette à l'avenant.

Une heure après, je me mis en route, à pied, avec le projet de m'associer de tels ou tels, le long du chemin, afin d'échapper plus facilement à la visite des corps-de-garde. En effet, à chaque embranchement de routes, il y avait un corps-de-garde, qui était occupé par des paysans en sabots, à figure plus ou moins exaltée. Pas moyen de s'en tirer sans passeport. Je n'avais pas oublié le mien, mais quel appui trouver dans la légalité avec des hommes prévenus, passionnés, qui pour la plupart ne savaient pas lire et qui n'étaient retenus par aucun frein ?

Comme je passais devant un corps-de-garde, j'entends une voix qui cria : « Arrête, arrête, tu n'as pas de cocarde ».

Les gardes nationaux ne l'avaient pas vue, ma cocarde, car j'en avais une. Je la leur montrai, ainsi que mon passeport. Ils se contentèrent d'avoir vu ma cocarde, et, sans regarder mon passeport, ils me tournèrent le dos. Ces citoyens étaient là dix ou douze, tous en sabots, les uns avec leurs vestes, et les autres en chemise, dépouillés de leurs vestes.

Plus loin, je rencontrai un autre corps-de-garde, composé, comme le premier, de paysans qui pour la plupart ne savaient pas lire. Ils me font sommation d'entrer. Je déploie mon passeport, et je mets mon doigt sur ce mot *passeport* écrit en gros caractères. Ils voient ou croient voir, et me disent : « Passez ».

Chemin faisant, je désirais m'accoster d'un compagnon de voyage qui me parut propre à favoriser un « laissez-passer ».

Une jeune et grande paysanne, assez proprement mise, venait derrière moi d'un village voisin. Je l'attendis.

— Allez-vous loin par là ? lui dis-je.

— A trois lieues, répondit-elle.

— Allez-vous toujours sur cette route ?

— Oui, notre maison n'en est pas loin.

— Eh bien ! Si vous voulez, nous allons faire route ensemble.

Pour entrer en conversation, je lui demandai le nom de sa paroisse, et si elle avait encore son père et sa mère. Elle me répondit sans embarras que son père était marchand de chevaux, et que sa mère et elle soignaient les vaches. Nous en vînmes, je ne sais plus comment, aux curés, et les histoires de curés ne finirent que quand nous nous séparâmes.

— Tant que notre curé ne s'en était pas mêlé, me dit-elle, nos vaches prospéraient et le beurre se faisait, mais quand il eut juré et déjuré, ce fut autre chose. Nos vaches ont avorté, et la crème de leur lait, barattez-la ou ne la barattez point, c'est tout de même.

— Qu'est-il devenu ce curé-là ?

— On n'en sait rien, mais il ne doit pas être bien loin, car on dit qu'il a envoyé la gale dans un troupeau de moutons de la paroisse.

A tous les clochers qui se montraient, je demandais à la grande fille le nom de la paroisse.

— Par ici, me dit-elle, c'est un bon citoyen, pas fier, qui causait à tout le monde, un bon vivant, qui n'a pas été changé et qui ne le sera pas.

— Mais celui-là ne peut-il pas empêcher que les vaches avortent ?

— Oui, oui..... mais ce qui est fait, est fait.

— Eh bien, là-bas, à ce clocher que nous apercevons, aviez-vous aussi un bon curé ?

— Là-bas, reprit-elle, ils étaient deux qui sont partis.

— En quel pays, le savez-vous ?

— Pas loin, car ils reviennent toutes les nuits.

— Toutes les nuits ?

— Oui, pour empêcher les gens de dormir.

— Comment donc s'y prennent-ils ?

— Le vicaire se met en *laitisse*, et le curé en chat. Ils courent l'un après l'autre sur les maisons et dans les greniers, et puis ils poussent des cris, des cris qui réveillent tout le monde.

— A ce jeu-là, ils recevront quelques coups de fusil.

— Ces gens-là ne s'attrapent pas comme ça. Pourtant, ajouta-t-elle, il y en a un, pas bien loin d'ici, qui faisait enrager tous les chiens. Il a été attrapé, c'tilà. Il y en a d'autres aussi qui se laissent happer et qui s'éclipsent, et d'autres qui se plaisent à faire s'entrebattre les hommes et les femmes.

Apercevant alors une autre église, ma compagne de route me dit aussitôt :

— Tenez, par là, ils sont deux aussi, qui ne savent quel pire faire que d'abîmer les grains, le vicaire se met en lièvre et le curé en levrette ; dès que la nuit est venue, le vicaire court devant et le curé après, tout au travers des blés, et les couchent par terre. Allez, ils veulent affamer le pauvre monde.

Mais, voici ce qu'elle raconta dans un corps-de-garde, en ma présence, sans que j'ai entendu exprimer une seule parole de doute : « C'est comme le curé de tel endroit qui ne cherche qu'à jouer des tours à tout le monde. Il se met en cheval et se laisse vendre dans les marchés ; on le met à l'écurie et quand on vient pour l'emmener on ne trouve plus que le licou ».

Quand nous fûmes sortis du corps-de-garde, je lui dis :

— Mais votre père, qui est marchand de chevaux, n'y a-t-il point été pris ?

— Non, non, répondit-elle, il les connaît bien, lui.

— Comment s'y prend-il pour les connaître ?

— L'affaire est bien simple, reprit-elle aussitôt ; il leur souffle dans les oreilles et quand le cheval dodine, c'est un curé.

Ces faits me furent réellement racontés tels que je les raconte ici, et je n'y change que le patois de la paysanne de la Seine-inférieure. C'est une chose vraiment triste et étonnante de voir le peuple croire mordicus de telles absurdités.

Je terminai la conversation en lui disant :

— N'y a-t-il point des curés par ici qui font la grêle ?

— Je n'en sais rien, me répondit-elle, mais ça pourrait bien être.

Et elle me quitta pour prendre le chemin qui conduisait à la maison de ses parents.

Cette conviction, cet aplomb avec lesquels cette jeune fille me racontait toutes ces histoires, étaient faits pour dérider un misanthrope. Pour moi, cette paysanne ne me paraissait pas crédule et elle était certainement douée d'une certaine intelligence, mais les histoires qu'elle me rapportait et qu'elle croyait vraies, elle les redisait parce qu'elle les avait entendues dire bien des fois à ses parents et aux personnes avec qui elle avait l'habitude de converser.

Les contes les plus ridicules et les plus incroyables, les calomnies et les inventions de toute espèce, que l'on croyait capables de monter les têtes contre le clergé et les honnêtes gens, tout cela fut mis en œuvre et employé avec succès par les partisans de la révolution en 1789.

Et cette jeune fille, répétant ces contes absurdes, et affirmant qu'ils étaient vrais, montrait bien que le peuple les croyait véritables, malgré leur invraisemblance.

Tant il est vrai que le mensonge produit toujours un effet désastreux et qu'il en reste toujours quelque chose ! Tant il est vrai que plus les fables et les inventions faites contre les prêtres sont absurdes, plus elles trouvent de crédit. Et irait-on contre la vérité, en disant qu'il en serait encore de même aujourd'hui ?

Pour moi, je possédais un champ complanté en blé, quand, il y a quelques années (vers 1840), mon blé ne souffrit point ou presque point d'une grêle qui ravagea les blés qui le joignaient.

Un homme était comme en contemplation devant mon blé, quand une femme vint à passer.

— A qui donc ce champ-là ? dit la femme.

— A monsieur l'abbé Marre, notre curé, répondit l'homme.

— Ah ! ça ne m'étonne pas ; ces gens-là font tout ce qu'ils veulent.

Mais je reprends la suite de mon voyage. J'arrivai au château de Mme de Tholmer sans encombre et sans avoir éprouvé d'ennui. Aussitôt après mon arrivée, la gouvernante fit ses préparatifs de départ pour le lendemain.

LX. — Retour a Rouen. — Quelques semaines après sa naissance, la petite de Tholmer avait été privée de ses père et mère ; elle était alors âgée d'environ dix-huit mois. Le lendemain matin, la gouvernante se hâta de faire la toilette de l'enfant, et nous partîmes de bonne heure pour Rouen.

Nous avions à choisir entre la voie de terre et la voie d'eau ; nous prîmes cette dernière. Dans notre bateau il y avait bonne et mauvaise société ; on y voyait des dames et des citoyennes, des messieurs et des citoyens. Trois écervelés y chantèrent la *Marseillaise* à tue-tête, ainsi que d'autres couplets du même genre et tinrent des propos grossiers et insolents. Mais deux dames, qui paraissaient bien élevées, firent diversion par des questions à la gouvernante et par des compliments sur les gentillesses de l'enfant, qui caressait sa bonne, et allait et venait au milieu de nous.

Nous abordâmes à Rouen le 7 août, et nous allâmes présenter à une mère inquiète et impatiente son enfant qu'elle n'avait pas vu depuis sa naissance.

A peine vit-elle sa chère petite qu'elle la prit entre ses bras et la couvrit des plus tendres baisers. Toute entière aux épanchements de son amour maternel, elle avait trouvé le bonheur. Pour elle plus d'infortunes, plus de douleurs, plus de regrets ; son doux sourire et ses yeux humides le disaient éloquemment.

Encore vingt-quatre heures, et la joie de cette mère se changera en tristesse, et pour nous s'ouvrira une série d'événements

singuliers et terribles, dont nous ne verrons
la fin qu'en Angleterre.

LXI. — La Tourte du Traiteur. — Nous
nous faisions servir par un traiteur. Les
domestiques allaient chaque jour chercher
les plats, les servaient dans notre salon, puis
nous nous mettions à table.

Le lendemain de mon retour à Rouen,
une tourte froide au poisson nous fut servie.
Tourte au poisson, c'était là un mets extraordinaire pour chacun de nous. L'odeur et le
goût n'avaient rien d'appétissant. N'importe,
nous nous mîmes à en manger, sinon à
belles dents, du moins pour y goûter.

— C'est du maquereau, disait l'un.

— C'est du poisson gâté, disait l'autre.

L'abbé Blanche fut le premier qui donna
l'alarme. Il remit son assiette au domestique
en disant : *Ça sent le vert-de-gris..... C'est
du vert-de-gris.* A l'imitation de l'abbé
Blanche, et au goût désagréable et même
rebutant que nous trouvions à cette tourte,
nous cessâmes tous d'en manger, mais le
peu que nous en avions pris fut suffisant
pour nous faire horriblement souffrir.

Douleurs d'estomac, coliques et vomisse-
ments nous saisirent presque tous en même
temps. Aussitôt deux médecins furent
appelés. Ils vinrent de suite et nous trouvèrent au lit aux prises avec des douleurs
poignantes. Les efforts que nous faisions

pour vomir retentissaient de chambre en chambre.

Les deux docteurs reconnurent dans la tourte la présence du vert-de-gris. Quant au traiteur, il connut sans doute notre position et l'effet produit par sa tourte, mais il se garda bien de venir s'informer de notre santé.

Deux jours et une nuit s'étaient déjà écoulés depuis notre empoisonnement, et les vives souffrances auxquelles nous étions en proie étaient toujours les mêmes ; aucune amélioration ne se faisait sentir.

Ce fut en ce moment que nous arriva subitement l'une des aventures les plus curieuses de toutes celles qui précédèrent notre exil.

Le 9 août 1792, la brigade de gendarmerie de Rouen entra tout à coup dans notre hôtel, précédée par un nommé Gastine.

CHAPITRE VI

Elbeuf. — Conches. — Rugles. — Laigle

LXII. — Gastine. — Notre Arrestation. — Les journaux et les pamphlets de Camille Desmoulins, de Hébert et de beaucoup d'autres révolutionnaires étaient chaque jour adressés aux clubs dans toute la France, et partout ils étaient lus avec avidité. On y annonçait les nombreuses arrestations d'évêques, de prêtres et d'aristocrates que l'on faisait alors à Paris. La patrie, disait-on, était sauvée, et ses ennemis étaient sous bonne garde.

Les patriotes de Moulins, à cette nouvelle, voulurent savoir ce que nous étions devenus, l'abbé Blanche et moi. Pour cela, pas de meilleur moyen que de faire des perquisitions, qui leur permettraient de découvrir quelque lettre qui les renseignerait. C'est ce qu'ils firent. On perquisitionna d'abord chez ma mère, mais là on ne trouva rien pour nous compromettre. Il n'en fut pas de même chez une dame de Moulins qui, sur une lettre qu'elle m'avait envoyée à Paris, avait mis par mégarde cette adresse : « A monsieur l'abbé Marré ».

Cette lettre me fut remise à Paris quelques jours avant la journée du 20 juin, où j'assistai par occasion, avec mon costume travesti, à l'assaut donné aux Tuileries.

Peu de jours après, vers le commencement de juillet, je répondis à cette dame :

« Dans vos lettres ne dites plus monsieur l'Abbé. Puis j'ajoutais : Je suis encore abbé, mais je n'en ai plus l'air. C'est du *qui fuit* ».

Dans une autre lettre, que je lui avais envoyée peu de temps auparavant, je lui avais écrit que, poussé par la curiosité, je m'étais permis d'assister à une séance de nos législateurs, et que j'avais entendu le rapport d'un député qui disait : « On voit partout des croix, et on ne trouve nulle part une pierre sur laquelle soit écrit : Brutus est là ».

Dans ces deux lettres, je blâmais la Révolution et ses partisans. Elles furent saisies, et il y en avait plus qu'il n'en fallait pour faire mon procès. Mais où étais-je ? Où était l'abbé Blanche ? Voilà ce que l'on voulait savoir. Une lettre trouvée chez Mᵐᵉ Blanche les mit sur la voie. L'abbé Blanche, son frère, lui avait écrit :

« Je suis à Rouen d'hier, rue Saint-Sauveur, numéro premier. Je me suis sauvé de Paris, parce que je crains la grillade ».

Ces renseignements ne pouvaient être plus précis.

Dès qu'ils les eurent entre les mains, les patriotes de Moulins verbalisèrent, entassèrent griefs sur griefs, accusations sur accusations, et donnèrent le pouvoir de requérir la force armée pour nous arrêter.

Mais pour entreprendre d'aller à plus de vingt lieues arrêter deux prêtres, il fallait trouver un homme qui eut vraiment du patriotisme. Gastine s'en chargea.

Quel était était donc ce Gastine ? Un huissier de Moulins-la-Marche, muni de pleins pouvoirs sur nos personnes. De qui tenait-il ses pouvoirs ? De la municipalité de Moulins. Et sur quoi étaient-ils fondés ?

Sur les deux lettres que j'avais écrites à une dame de Moulins et sur celle que l'abbé Blanche avait écrite à sa sœur.

Mais ce Gastine, huissier de Moulins-la-Marche, à qui devait-il en partie d'occuper cette charge ? C'était à moi. Il avait eu besoin de ma protection pour se faire agréer à cet emploi. M. Dehail, avocat à Mortagne, chez qui je demeurais, s'était fait son protecteur sur ma recommandation. Et c'était cet huissier, mon protégé, qui venait nous arrêter, pendant que nous étions victimes de cet empoisonnement occasionné par le vert-de-gris. Plus tard encore, j'aurai occasion de revenir sur le compte de ce Gastine.

Comme nous étions dans nos lits, toujours indisposés, toujours dans les mêmes souffrances, je vois entrer Gastine, muni du mandat d'amener, délivré par la municipalité de Moulins. Les gendarmes de Rouen l'accompagnaient.

Je l'entends dire d'une voix formidable, en me désignant du doigt :

« C'est surtout cet homme-là qu'il faut arrêter ».

Puis s'adressant à moi, il m'apostropha en ces termes :

« Si vous vous fussiez toujours bien conduit, vous n'en seriez pas là ».

Ce sont là ses propres expressions. Elles retentissent encore à mes oreilles, comme si elles étaient d'hier. Je lui répondis :

« Citoyen Gastine, je n'ai jamais fait de mal à personne, pas même à vous ».

Nos médecins certifièrent auprès des autorités compétentes que pour le moment nous n'étions pas transportables, et sur leur certificat, la municipalité ou le district de Rouen décida que nous ne partirions que quand nous serions en état de faire le voyage.

M. l'abbé Coupard, qui n'avait ni rien dit ni rien écrit, et qui n'était pas tenu à faire le serment, se trouva comme nous en état d'arrestation.

Nos personnes furent confiées à la garde des gendarmes sous la surveillance de Gastine. Ce dernier fit apporter des lits de sangle à notre hôtel, et se chargea de commander tout ce qu'il croyait nécessaire et convenable pour l'approvisionnement de la table, à nos frais, bien entendus. Comestibles et liquides, rien ne manqua ; tout fut copieux et délicat. Le couvert était presque toujours mis, et nos gardiens ne quittaient guère la table. Gastine même s'enivra plusieurs fois. Quant aux gendarmes, ils n'eurent pour nous que des procédés honnêtes, et de temps à autre ils disaient à Gastine :

« Ce ne sont pas là des criminels ; vous auriez mieux fait de les laisser tranquilles ».

Ces observations, et d'autres encore qu'ils lui firent, contribuèrent à amollir un

peu pour le moment le caractère dur et
farouche de Gastine. Peut-être même ne
fût-il pas exempt de remords ?

Trois ou quatre jours après notre arrestation, vers le 13 août 1792, il nous fallut
partir pour Moulins, et un conducteur vint
atteler ses deux chevaux sur notre voiture.
M. l'abbé Coupard et mon confrère se
placèrent au fond de la voiture ; Gastine et
moi sur le devant. Un de nos domestiques
monta derrière la voiture, et l'autre resta
auprès de Mme de Tholmer. Cette dame, si
joyeuse la veille de notre empoisonnement
dont elle éprouvait encore les suites, était
alors abîmée dans ses sanglots. Elle adressait
à son vieil et vénérable oncle, ainsi qu'à
nous, ses adieux déchirants.

Je dois dire ici, à la louange des autorités
de Rouen, qu'elles prirent toutes les précautions nécessaires pour faciliter notre départ.

La garde nationale, rangée sur deux
lignes, gardait un profond silence et paraissait nous plaindre. La foule elle-même nous
vit monter en voiture sans nous insulter, ce
qui sans doute donna encore à penser à
Gastine. Il est vrai que les larmes de Mme de
Tholmer et ses adieux déchirants à son
vénérable oncle étaient bien capables
d'amollir les cœurs les plus durs.

Cependant notre arrestation avait fait du
bruit dans cette grande ville. Les journaux
révolutionnaires s'en étaient emparés. Ils

avaient de toutes parts répandu le bruit que c'était un évêque et ses deux grands vicaires qui s'étaient sauvés de Paris, qu'ils avaient conspiré contre la patrie et qu'ils allaient en subir la peine. Pendant notre séjour à Rouen, nous n'eûmes pas connaissance de ces articles de journaux.

Pendant mon exil, comme j'étais en Hollande, je reçus l'hospitalité, à Utrecht, chez un boulanger, natif de Rouen. Dans ses journaux, je retrouvai la feuille de Rouen qui rapportait en détail notre aventure, et faisait appel aux passions populaires pour nous punir de notre manque de patriotisme.

Cette histoire-là en effet était une invention capable de nous faire mettre par morceaux, ce qui manqua de nous arriver dès Elbeuf. Six gendarmes furent chargés d'escorter notre voiture.

LXIII. — Elbeuf. — On disait, dans ce temps-là, que l'honneur s'était réfugié dans les camps : il nous fut plus d'une fois prouvé que l'honneur n'était pas sorti du corps de la gendarmerie. De tous les gendarmes auxquels nous fûmes livrés, un seul, nouvelle recrue, se montra méchant comme nous le verrons par la suite. Ceux de Rouen, qui s'attablaient avec Gastine, s'ils n'en avaient pas fait un agneau, ils avaient au moins tempéré sa bouillante ardeur.

Le jour même de notre départ de Rouen, nous fûmes déposés sur les neuf heures du soir par les gendarmes qui nous conduisaient dans une des meilleures auberges d'Elbeuf. M. Lafond, qui commandait la gendarmerie de cette ville, ne tarda pas à se présenter. Il avait été, dix à douze ans auparavant, employé à Mortagne en qualité de lieutenant, et M. l'abbé Coupard, qui avait su apprécier son mérite, lui avait fait un excellent accueil et l'invitait quelquefois à sa table.

Le nom de M. l'Abbé n'était donc pas étranger à M. Lafond. Il le reconnut aussitôt et se rappela les bons rapports qu'il avait eus avec ce bon vieillard dont il avait admiré plus d'une fois à Mortagne les actes de bienfaisance et de vertu.

M. Lafond nous fit monter dans une chambre haute.

— Je ne me trompe pas, dit-il, vous êtes monsieur l'abbé Coupard.

Immédiatement les mains s'entreserrèrent et les cœurs s'épanouirent. M. Lafond plaignit M. l'Abbé, et nous avec lui, en déplorant les mauvais jours dans lesquels nous vivions.

Comme M. Guy, à Paris, M. Lafond, à Elbeuf nous prit sous son égide. Il y avait encore en France des cœurs dévoués aux plus généreux sacrifices. M. Lafond nous laissa sous la protection de ses gendarmes et sortit.

Les mauvais journaux de Rouen, qui avaient annoncé notre arrestation et avaient malicieusement fait de nous un évêque et deux vicaires généraux, avaient circulé dans Elbeuf et y avaient fait sensation. Un beau cabriolet, escorté par la gendarmerie ; un petit vieillard en habit noir, à perruque frisée et poudrée, que l'on venait de voir descendre du cabriolet avec deux messieurs, ne confirmait que trop le dire des journaux. On nous considéra comme trois infâmes conspirateurs, dont il fallait débarrasser la société.

En moins d'une heure, des attroupements considérables se formèrent devant l'hôtel où nous étions descendus.

« Ces aristocrates..... Ces ennemis de la patrie..... vociférait cette foule, il nous les faut..... il nous les faut. Nous les aurons de gré ou de force. Il nous les faut, ou nous mettons le feu ».

L'absence de M. Lafond ne dura guère plus d'une d'heure. Il revint avec un peloton de gardes nationaux qu'il avait choisis.

D'un dévouement sans bornes, d'un cœur généreux, d'un caractère ferme, d'un courage intrépide, d'un esprit adroit, M. Lafond merveilleusement secondé par ses gendarmes et les gardes nationaux, se fit notre sauveur. Nous avions acquis en lui un protecteur puissant et zélé ; le bon Dieu ne voulait pas encore de nous.

Mais le tumulte dans la rue croissait continuellement. Les vociférations et la fureur allaient toujours en augmentant. Pour apaiser la foule, pour la contenir, M. Lafond harangue plusieurs fois les manifestants, mais sa parole reste impuissante. Voyant cela, le commandant dit : « Nous n'y tiendrons pas ». Il fit alors atteler notre voiture et disposa ses gendarmes et les gardes nationaux de manière à nous garantir de toute attaque ; puis, se montrant par une fenêtre, il cria de toutes ses forces : « Citoyens, nous sommes prêts à repousser la force par la force ». Les gendarmes et les gardes nationaux répondirent alors au commandant par une acclamation prolongée. A cette vue, la foule fut impressionnée.

Aussitôt M. Lafond vient à nous, et nous dit d'un air triomphant : « Descendez, messieurs, sortons de cet enfer ».

Il était onze heures du soir. M. Lafond nous fit monter dans notre voiture ; puis il sauta sur son cheval et se mit à la tête de notre escorte. Des imprécations et des huées nous accompagnèrent à travers toute la ville, mais personne n'osa nous attaquer.

Quand nous fûmes sortis d'Elbeuf, M. Lafond donna la consigne à ses gendarmes, et nous dit ensuite : « Messieurs, je suis sûr de ma brigade, je vous laisse avec elle pour quelques heures ».

Puis il rentra en ville.

Mais nous, pauvres captifs, où allions-nous? Le bon M. Lafond le savait bien. Nous allâmes l'attendre à la distance d'une lieue et demie et nous reposer dans une ferme qui était sur la route. Nous priâmes le fermier de fournir à manger et à boire à notre escorte, et pour nous, nous nous jetâmes sur de la paille fraîche, dans une étable à bœufs.

Pendant cette nuit-là, Gastine fut plus mal à l'aise que nous. Nos gardiens contemplaient l'abbé Coupard. Sur leur désir, l'abbé Blanche leur racontait la vie de ce vénérable vieillard de soixante-treize à soixante-quatorze ans. Il leur dit d'abord les bonnes œuvres dont tous ses jours étaient pleins; puis il leur exposa les causes et les motifs pour lesquels nous avions été chassés, traqués et arrêtés comme des malfaiteurs. Et Gastine était forcé d'entendre en silence les blâmes et les reproches qui lui étaient adressés sans aucun ménagement. Déjà ébranlé à Rouen, la nouvelle secousse qu'il éprouvait chez le fermier le rendit tout piteux.

Mais que faisait M. Lafond? Il était à se faire donner l'ordre de nous conduire jusqu'à place. Le meilleur des pères n'aurait pas pu faire plus pour ses enfants; il avait passé une partie de la nuit à s'occuper de nous. Il nous rejoignit de grand matin et nous dit : « Soyez tranquilles, messieurs, je suis sûr de mes gendarmes. J'ai ordre de vous

conduire jusqu'à place. On nous passera sur
le corps avant d'arriver à vous ».

M. Lafond nous fit placer tous trois dans
le fond de la voiture, et lui et Gastine se
placèrent sur le devant. Il n'avait pas encore
eu l'occasion de sabouler Gastine. Placé avec
lui, sur le devant de la voiture, il lui
reprocha énergiquement l'indignité de sa
conduite et lui prédit qu'elle serait suivie de
l'opprobre et du remords. Si M. Lafond eut
ajouté *et d'une fin tragique*, il ne se serait
pas trompé. Mais nous verrons par la suite
quelle fut sa fin. La chaleur patriotique,
dont Gastine était embrasé, se refroidit
encore de quelques degrés sous les vertes
semonces du commandant de gendarmerie.
A Conches, elle devait éprouver un refroi-
dissement encore plus considérable.

LXIV. — CONCHES. — DES FRÈRES DE
CHARITÉ. — Nous arrivâmes à Conches le
14 août 1792. Y avait-il un club dans cette
ville ? Loin de le supposer, nous dûmes
penser plutôt le contraire.

La civilisation, en s'exilant alors du territoire français, s'était apparemment arrêtée
à Conches. Des prisonniers d'un rang
distingué, dans une belle voiture si bien
escortée, piquèrent sans doute la curiosité,
mais il ne se fit aucun mouvement tumultueux, et on n'entendit point de criailleries.
M. Lafond et ses gendarmes expliquèrent

aux autorités de cette ville la cause de notre infortune, et ces braves gens devinrent tous nos amis. Le maire, l'adjoint et les autres notables vinrent nous témoigner tout l'intérêt qu'ils prenaient à notre fâcheuse position. L'adjoint s'approcha de moi, et me dit en me prenant la main dans ses deux mains :

« Je vous en prie, monsieur, donnez-moi de vos nouvelles, dès que vous le pourrez... Je m'appelle Léchallier... Pour vous rappeler mon nom, pensez à un échallier ».

Cet homme, au cœur si compatissant, ne connaissait aucun de nous, et n'avait encore appris qu'une partie de nos misères. La municipalité de Conches fut pour nous une heureuse rencontre, car nous n'étions pas habitués à goûter les douceurs de la paix et à trouver des personnes assez raisonnables pour nous rendre justice.

La bonne réception que nous reçûmes à Conches nous dédommagea en quelque sorte des mauvais moments que nous avions passés depuis notre captivité, et la lune de miel sembla se lever pour nous dans cette ville. Aussi ne nous pressions-nous pas d'en sortir.

Mais il n'en fut pas de même pour Gastine. Quand les gendarmes eurent expliqué aux membres de la municipalité la mission dont il s'était chargé, ils lui firent des semonces si vives, et le traitèrent si durement que notre domestique nous rapporta qu'il avait vu quelques larmes s'échapper des yeux de Gastiné.

Il nous fallut cependant partir. Soulagés, ranimés par cette vie nouvelle, nous montâmes plus gaiement en voiture. Nous nous dirigeons vers Rugles avec l'intention d'y coucher, et nous fûmes obligés de traverser cette bourgade sans nous y arrêter. Un citoyen en effet crut reconnaître le maréchal de Broglie dans la personne de M. l'abbé Coupard et réussit à exciter un soulèvement.

Pendant que nous marchions sur la route de Rugles, nous eûmes un curieux combat à soutenir. Deux compagnies de *frères de charité* venaient de Rugles à notre rencontre. Elles étaient composées de vingt-cinq à vingt-six hommes, ayant chacun leur robe et leur rabat sur le bras, et leur torche sur l'épaule. Ils revenaient probablement de quelque inhumation, et ils n'avaient sans doute pas oublié de vider quelques pintées de cidre et d'avaler, selon leur coutume, plusieurs rasades d'eau-de-vie pour chasser le mauvais air et les odeurs cadavériques. Toujours est-il qu'ils ne paraissaient pas être à jeun.

Dès qu'ils nous aperçurent, ils s'écrièrent tous ensemble : « La gendarmerie !.... Voilà plusieurs hommes dans une voiture ! » Et aussitôt ils nous barrèrent le chemin, nous apostrophèrent, et, en agitant leurs torches, firent contre nous des démonstrations hostiles.

La dispute s'échauffait et menaçait de devenir sérieuse.

Alors M. Lafond s'écrie : « Gendarmes... Prenez vos armes... Amorcez ».

Puis, s'adressant aux frères de charité, il leur dit :

« Place... Place... Au nom de la loi, retirez-vous ».

Intimidés sans doute, ils nous permirent de passer, et notre cabriolet reçut quelques pierres par derrière. Ces frères patriotes continuèrent ensuite leur chemin en vociférant le *Ça ira* et d'autres chants révolutionnaires.

LXV. — Rugles. — Le Maréchal de Broglie. — Nous arrivâmes à Rugles à la nuit tombante. Gastine, qui connaissait cette petite ville, nous la fit traverser pour nous faire descendre à une auberge située à l'extrémité. A notre vue, on ouvre les yeux et les oreilles, on s'enquête et on s'émeut. L'auberge est bientôt encombrée de curieux.

Cinq ou six hommes pénètrent dans l'appartement où nous sommes. Parmi eux était un petit vieillard, plus que septuagénaire, qui passait pour être un ancien militaire. Il était en habit d'uniforme, râpé, percé, et il était coiffé d'un chapeau largement cocardé. Il s'approche de M. l'abbé

Coupard, le fixe et le toise des pieds à la tête ;
puis son visage s'allume et ses yeux étincel-
lent. Il s'écrie alors :

— C'est le maréchal de *Broitte* (Broglie)...
Nous sommes trahis.

— Mais, mon ami, lui dit M. l'Abbé, le
maréchal de Broglie... Y pensez-vous ?

— Oui, oui, j'y pense... Ah ! vous croyez
peut-être que je ne vous connais pas ! Ah !
que si... Je vous connais bien... J'ai fait la
guerre sous vous.

— Mais vous vous trompez. Je n'ai jamais
commandé un régiment ; je n'ai même
jamais vu une armée.

Malgré cette explication, le petit homme
continue de gesticuler avec vivacité. Il se
met en colère, il jure, il frappe la table
d'un fort coup de poing et continue de
s'écrier :

— C'est le maréchal de *Broitte*, nous
sommes trahis... nous sommes trahis.

Alors M. Lafond commanda à ses gendarmes de mettre ces hommes-là à la porte,
mais pour notre sûreté il eut peut-être mieux
valu les retenir jusqu'à notre départ.

En effet, dès qu'ils furent sortis, ils se
répandirent dans les rues en criant : « Le
maréchal de *Broitte* est à Rugles !.... Nous
sommes trahis !.... »

Ces clameurs, ces terreurs auxquelles
s'ajoutaient les ombres de la nuit, produisi-
rent dans Rugles le même effet qu'avaient

causé à Mortagne ces quinze cents brigands qui, disait-on, mettaient tout à feu et à sang.

Aux armes ! Aux armes ! Tel est le cri qui retentit aussitôt dans Rugles.

Le tocsin sonna ; on battit la générale, et toute la ville fut bientôt sur pied. Mais ce n'était plus seulement le maréchal de Broglie, accompagné de quelques gendarmes et de quelques aides-de-camp qui était à craindre, c'était une armée, disait-on, qui bloquait Rugles ; aussi ce n'était pas à qui marcherait en avant pour aller la reconnaître.

Voyant ce mouvement populaire, M. Lafond, toujours prudent, toujours sage, nous dit :

« Si nous attendons que nous soyons dans la nécessité de nous défendre, le sang va couler, et nous ne sommes pas en nombre suffisant pour faire face à l'émeute. Il vaut mieux tâcher de nous tirer de là le plus promptement possible ».

Cette maxime : on a le droit d'écraser le serpent qui nous mord, me paraissait plus sonore que juste. Eussions-nous été assurés de la victoire, eussions-nous écrasé nos agresseurs, nous en aurions porté la peine, ou du moins le regret, toute notre vie. Tuer de pauvres insensés qui ne savent ce qu'ils font, qui croient bien mériter de la patrie ! Fuyons, et qu'ils vivent. Mais elle eût été douteuse, la victoire, et les usines des

environs nous auraient opposé de vigoureux
athlètes. Tréfileurs, forgerons, nous aurions
trouvé en eux des hommes déterminés, et
ils étaient en grand nombre. Mais en tout
cas, si, en passant par-dessus des cadavres,
nous nous en fussions, pour cette fois, tirés
sains et saufs, cet expédient ne pouvait
aboutir qu'à aggraver nôtre position et qu'à
mettre sur pied toute la gent nationale pour
nous courir sus ; et dès le lendemain même,
une armée bretonne aurait infailliblement
vengé ses frères.

Cette panique de la population de Rugles
nous fut favorable, car l'auberge où nous
étions avait une issue sur la campagne, et
il nous fut facile de nous tirer par cette voie.
Après avoir bivouaqué pendant quelque
temps sans être inquiétés, nous nous diri-
geâmes vers Laigle à la lueur des étoiles.

Considérant que la ville dormait, que les
autorités dormaient, que les aubergistes,
qui ne nous attendaient pas, ne seraient pas
prêts à nous recevoir, considérant que,
tandis que nous écouterions aux portes, il
ne faudrait qu'un individu pour mettre la
ville en rumeur ; considérant enfin que la
nuit était superbe, nous allâmes camper
dans un champ.

M. Lafond avait dressé son plan. Au
moment de repartir, il dit à ses gendarmes :

— Je vais aller en avant avec la voiture.
Quant à vous, ne nous suivez que de loin,

et quand vous serez près de Laigle, que l'un de vous se tienne à portée de reconnaître l'auberge où nous allons descendre. Vous viendrez nous y rejoindre.

Nous avions passablement dîné à Conches. Nous nous promîmes de bien déjeuner à Laigle.

LXVI. — LAIGLE. — A Laigle, nous mîmes pied à terre le 15 août 1792. Gastine nous conduisit à l'auberge la plus voisine du côté par où nous arrivions. C'était une auberge de sa connaissance.

Nous n'avions rien pris à Rugles, et la faim nous pressait, mais tandis qu'on nous préparait notre déjeuner, M. Lafond était déjà dans la ville à prendre les mesures de précaution qu'il jugeait nécessaires à notre sûreté. Il alla prévenir les autorités, les instruisit de notre affaire, et leur demanda protection. Cette fois encore, le bon Dieu ne voulut pas de nous.

Revenu avec nous, M. Lafond ne put nous cacher l'émotion dont il était saisi.

« Messieurs, nous dit-il, des logements sont commandés pour trois mille Bretons qui arrivent aujourd'hui. Si nous les attendons ici, il ne faut qu'un dénonciateur pour nous faire tailler en pièces. De plus, pour nous rendre à Moulins, nous n'avons pas d'autre route à suivre que celle par où ces soldats arrivent. S'ils voient un cabriolet escorté par la gendarmerie, ils vont penser aussitôt que vous êtes de grands coupables, des aristocrates, des ennemis de la patrie. N'en doutez pas, ils vont se jeter sur vous et vous massacrer ».

Puis, se tournant vers Gastine, il lui dit :

« Citoyen Gastine, je ne vois qu'un moyen de salut, même pour vous. Vous allez vous charger, seul et sans gendarmes, de conduire ces messieurs, comme s'ils étaient des voyageurs ordinaires. Du reste, pour que vous soyez sans crainte, ils vont vous donner leur parole d'honneur qu'ils ne s'échapperont pas, et que, loin de se révolter contre vous, vous serez aussi maître de leurs personnes que vous l'avez été jusqu'à présent ».

Nous répondîmes unanimement :

« Nous sommes vos captifs, monsieur Gastine ; nous sommes sous votre responsabilité, et nous vous donnons notre parole d'honneur de rester entre vos mains comme si vous aviez la force ».

Gastine baissa la tête, parut réfléchir un instant, et dit :

« Eh bien ! Il en arrivera ce qui pourra ».

M. Lafond se fit donner une décharge et nous fit ensuite ses adieux. Il nous embrassa tendrement, et nous donna, ainsi que ses gendarmes, tous les témoignages du plus vif intérêt. Nous ne pûmes pas trouver de termes assez expressifs pour témoigner à cet homme si généreux et si dévoué, ainsi qu'à sa brigade, toute l'étendue de notre gratitude. Nos pleurs y suppléèrent, il y mêla les siens.

Dans la triste position où nous nous trouvions, comme nous nous sentîmes soulagés, en trouvant des cœurs aussi sensibles et aussi compatissants !

CHAPITRE VII

Retour à Moulins-la-Marche

LXVII. — Les trois mille Bretons. — La Forêt de Moulins. — Gastine et moi, nous étions placés sur le devant de la voiture. Au fond était M. l'abbé Coupard et M. l'abbé Blanche ; notre domestique était monté par derrière.

Les chevaux, ou plutôt les rosses qui nous traînaient étaient sur les dents ; nous avancions lentement.

A une demi-lieue de Laigle, un nuage de poussière nous annonça l'arrivée des Bretons. Nous les vîmes bientôt. Dès que Gastine fut à portée de se faire entendre, il s'écria : « Bon voyage, mes amis... Vivent les Bretons... Vive la Nation ». Il avait bien déjeuné, et comme il était doué d'une voix sonore, les Bretons purent l'entendre de loin.

Mais quelle triste apparence avaient ces

soldats! Quelles figures! Quel accoutrement! Gastine avait là une occasion pour crier en toute vérité : « Vivent les sans-culottes ». Je n'en vis pas un seul qui fut décemment vêtu ; couverts de haillons, et d'une malpropreté dégoûtante, ils n'avaient pas d'autres armes que des bâtons. La ligne qu'ils formaient se prolongeait à perte de vue, et tous paraissaient très fatigués. Beaucoup se traînaient avec peine, et quelques-uns même s'étendaient à plat-ventre sur les bernes.

Cependant, ces braves en guenilles, pour la plupart éclopés, allaient bientôt faire trembler l'Europe !

L'avant-garde ne parut pas faire grande attention à notre cabriolet. Gastine continuait toujours de crier :

« Vive la Nation ! Vivent les Bretons ! Bon voyage, mes amis ».

Un cavalier, tout de noir habillé, monté sur une haridelle qui fendait l'air, le sabre nu au poing, va bientôt nous friser de près. Gastine se penche en dehors pour lui souhaiter bon voyage, et, au moment où il lui adresse ce vœu, il en est remercié par un coup de sabre qui lui abattit une des cornes de son chapeau. Elle ne fut pas entièrement détachée, mais elle lui pendait sur l'oreille. Si Gastine avait été d'un demi-pied plus penché, sa tête était fendue en deux morceaux.

Cette aventure jeta de l'animation parmi les Bretons qui passaient alors près de nous. Un peloton se rua aussitôt contre notre voiture. Le domestique fut jeté à bas de son tabouret, et le conducteur à bas de son cheval, mais ni l'un ni l'autre ne furent blessés et ils purent remonter à leur place.

Aux groupes de soldats qui nous attaquaient, Gastine opposa l'autorité et les menaces avec une ardeur toute martiale et se proclama colonel.

« Est-ce ainsi, s'écria-t-il, que de braves soldats traitent leurs chefs. C'est à l'ennemi qu'il faut aller, non à des frères..... Au nom de la loi, retirez-vous ».

Un aristocrate eût pu passer un mauvais quart d'heure, à moins qu'il ne se fût aussi avisé d'invoquer la loi, comme fit Gastine. La loi fut obéie, les Bretons se calmèrent, et ceux qui suivaient n'attaquèrent pas.

« Bon voyage... Bon voyage... mes amis, leur cria encore Gastine. Vivent les Bretons... Vous avez séjour à Laigle... Vive la Nation ».

Nous continuâmes de rouler, et tout en roulant, la corne du chapeau de Gastine ne cessait de battre sur son épaule.

La forêt de Moulins était en vue, et Gastine en connaissait tous les détours. Il ne fallait qu'un chemin pour nous y conduire, et il se présenta bientôt ; c'était une ligne pratiquée pour l'exploitation de la forêt et aboutissant à la route. Nous la prîmes et nous fûmes délivrés des Bretons dont l'arrière-garde était encore bien éloignée.

Dans la forêt, Gastine paraissait soucieux et inquiet. Je lui dis :

— Citoyen, vous savez à combien de dangers nous avons été exposés jusqu'ici, et vous n'ignorez pas qu'en ce moment nous allons peut-être à la mort. Ici, nous sommes en force, et nous pouvons nous défaire de vous en vous attachant, par exemple, à un de ces arbres. Qu'avons-nous à craindre ? Nous avons des partisans qui nous cacheront et nous faciliteront les moyens de passer à l'étranger. Voilà ce que nous pourrions faire. Mais non, soyez tranquille, vous avez notre parole, elle est sacrée. Si vous êtes encore persuadé que nous sommes des scélérats, notre conduite va vous prouver le contraire et vous montrer que nous savons garder une parole donnée ».

Il me répondit qu'il savait bien qu'il n'avait rien à craindre avec nous, et qu'il se fiait à la parole que nous lui avions donnée.

— Vous croyez donc, lui dis-je, que nous sommes des honnêtes gens ?

Il garda le silence un instant, puis il se tourna de notre côté, en nous disant :

— S'il vous arrive quelque malheur, c'est que je n'aurai su qu'y faire.

Il tint parole. Mais ce qui l'affectait, c'était sa corne qui pendait. Que vont-ils dire de lui à Moulins en le voyant écorné ? Cette pensée le tracassait.

La corne, pas moyen de la redresser. Mais ne serait-il point possible de la cheviller, la corne à Gastine. Pour cela, il me faudrait une cheville qui perçât bien, une cheville croche qui, une fois enfoncée, ne se retirât pas et fît un point d'appui. Je la trouvai dans une branche d'épine blanche, et, tant bien que mal, je redressai la malencontreuse corne qui ne pendit plus.

Le cœur de Gastine en fut touché. Les blâmes et les reproches qu'il avait reçus pendant le voyage semblaient en avoir fait un homme nouveau. Il m'apprit alors quel était mon crime. Il me dit :

— Dans une lettre, que vous avez écrite de Paris au mois de juin dernier, et qu'on a saisie chez une dame de Moulins, vous avez écrit : « Je ne suis plus abbé. C'est du « *qui fuit* ». Voilà votre bobo à vous.

— Et quel est celui de l'abbé Blanche ? repris-je aussitôt.

— C'est la grillade.

— Comment a-t-on pu savoir cela ?

— Nous avons arrêté à la poste une lettre à l'adresse de madame Blanche. Cette lettre, datée du 2 ou 3 de ce mois, venait de Rouen. On y lisait entre autres choses : « Je me suis sauvé de Paris, parce que je crains la grillade. Nous sommes à Rouen, rue Saint-Sauveur, numéro 1 ». C'est ainsi que nous avons découvert votre adresse.

LXVIII. — LA FÉE CARABOSSE ET LA HARPIE. — Elle ne sont plus ; mais la fée Carabosse, je ne veux pas la désigner autrement, par considération pour sa famille.

Ces deux femmes avaient dans leurs allures, dans leur maintien, dans leurs traits et jusque dans leur organisation physique, quelque chose de satanique.

Toute l'activité de la fée Carabosse résidait dans ses bras et sur sa langue. Elle était presque continuellement assise à sa fenêtre ouverte, sur une escabelle élevée, la feuille du jour à la main et le menton sur sa poitrine faisant voûte à ses épaules. Elle avait une tête de singe aux yeux de chat. Sa parole était aigre, aiguë, criarde et toujours en harmonie avec le plus fougueux jacobinisme. Grâce à son ardent patriotisme, elle attirait autour d'elle et sous ses fenêtres un auditoire qu'elle enivrait de ses virulentes paraphrases. Sa très petite personne, entourée ainsi de badauds ébahis, avait bien des droits à être représentée sur la toile. Sédentaire par l'ingratitude de la nature, elle trouvait dans la Harpie le zèle, l'activité et la férocité d'une originalité monstrueuse de corps et d'esprit. Telle était la Harpie, sorte de démon incarné : sa petite figure ovale, ses petits yeux d'où sortaient des étincelles, sa petite langue qui glapissait, ses petites jambes qui trémoussaient, tout son petit individu, en agitation perpétuelle, en faisaient une très petite créature qui, en temps ordinaire, eût passé pour être possédée du démon. Cette harpie était une femme Creveux.

LXIX. — MOULINS-LA-MARCHE. — Le bruit de notre arrivée à Moulins nous avait devancés. La Creveux était à la découverte, tourmentée par l'impatience de posséder sa proie. Seule, elle nous attendait sur un monticule, à un quart de lieue de Moulins. C'était précisément le 15 août, jour de la fête, sur les quatre heures après midi. Des moissonneurs, venus des environs, étaient sur la place avec leurs faucilles pour se louer à la journée.

Quand la Harpie aperçut le cabriolet, elle ne l'attendit pas, mais elle accourut au-devant de nous, moins pour nous voir, que pour nous assaillir par tout ce qu'elle put inventer de plus insultant. Elle glapit et nous entendons ces paroles :

« Brigand, tu vas bientôt passer le goût du pain..... Vive Gastine ! »

Puis, elle prend le devant, et va plus vite que nos chevaux, en répétant :

« Les v'là... les v'là... Nous les tenons... trois têtes à couper ».

A ces paroles, les citoyens et les moissonneurs sont en alerte.

Les électeurs, cette journée-là, étaient à l'église à nommer un curé de Moulins. Elle s'élance aussitôt vers l'église, en s'écriant :

« Citoyens, nous les tenons... ils arrivent... trois têtes à couper ».

Elle allait et venait, se remuait en tous sens, et clabaudait sans interruption :

« Trois têtes à couper ! Trois têtes à couper ! »

Tout est en émoi dans le bourg. La population et les moissonneurs s'agitent confusément. Nous sommes en présence d'une foule furieuse, armée de faucilles, de fusils et de bâtons. Il y a encombrement. Il nous est impossible d'avancer. La Harpie ne voyait pas encore rouler nos têtes, mais elle ne cessait de les convoiter à grands cris.

M. de Courceuil, établi à Moulins depuis quelque temps, était commandant de la garde nationale. Il s'arme à la hâte de deux pistolets, et se met à la tête de quelques grenadiers armés et bien déterminés à observer ses ordres. Comme leur digne chef, ils ne veulent pas que nos têtes soient coupées.

Gastine, dont la conversion s'est opérée en notre faveur, tant à Conches que dans la forêt, est toujours auprès de moi sur le devant du cabriolet. M. de Courceuil monte, prend ma place, et me voilà caché derrière lui. Il encourage ses grenadiers à tenir bon.

Gastine ne descend pas. Debout, il se débat et crie énergiquement : « Ah! ils disent que j'ai reçu cent francs... Ils en ont menti, les mauvaises langues! »

Gastine a pour beau-père un perruquier, chasseur renommé. Il est là, son beau-père, avec son fusil double. Il crie à son gendre : « Retire-toi, retire-toi, que je leur passe trois balles dans le corps ».

M. de Courceuil lui montre ses pistolets armés. En ce moment, hélas! on emporte une femme qui s'est évanouie. Cette femme, je la reconnais aussitôt, et mon cœur est saisi d'une profonde émotion. Cette femme, c'est ma mère. Elle était venue, cette mère courageuse, elle était venue à ma rencontre pour me défendre contre mes ennemis. Les forces de cette vénérable mère ne furent pas à la hauteur de son amour maternel, et, retenu par les liens de la captivité, l'affliction que j'éprouvais de ne pouvoir lui porter secours, fut une profonde douleur ajoutée à celles que j'éprouvais déjà en si grand nombre.

Cependant Gastine, toujours debout sur le devant du cabriolet, ne cessait de s'écrier :

— J'entends qu'ils soient jugés..... Ils seront jugés.

— Oui, ils seront jugés, cria M. de Cour-

ceuil, mais mort au premier qui les touche...
Nous allons les conduire en prison... place...
place.

Et Gastine s'écriait à son tour :

— Nous allons les conduire en prison...
place... place, citoyens.

Précédés et suivis par les masses populaires, nous sommes conduits en prison.
Nous passons, à petits pas, sous les fenêtres
de la fée Carabosse. Elle me croyait criminel. De tous ceux qui, à Moulins, en voulaient à notre vie, il n'y en avait peut-être
pas un seul qui pensât que nous fussions
innocents.

En effet, laissez faire certains réforma-
teurs qui visent au pouvoir, s'ils y arrivent,
ils vous feront voir des vessies pour des
lanternes; ils vous aveuglent, et vous croyez
y voir bien clair. En 1792, les volontaires
semblaient, comme on le disait alors, sortir
de terre pour aller se faire tuer sur les
frontières, aux cris de : « Vive la Nation ».

Pendant notre trajet de la place à la
prison, nous apercevions des hommes et des
femmes, qui allaient et venaient, et nous
les entendions crier : « La grillade, la grillade... Qui fuit, qui fuit..... » Nous ne
descendîmes du cabriolet qu'à la porte de la
prison.

La Creveux y était avant nous. Elle s'approcha de moi comme j'y entrais, et elle me
dit :

« Malheureux, ah ! que tu donnes de chagrin à ta mère !.... »

Fanatique de patriotisme, la Harpie avait pitié de ma mère, et elle voulait me faire égorger : la fièvre la brûlait. Il lui fallait du sang ; elle en fit verser dans la suite. *Les enfants de la patrie*, à cette époque, étaient plus ou moins atteints de cette fièvre-là.

Enfin la porte de la prison se referma sur nous. Peu après, nous fûmes conduits de la prison au corps-de-garde. On craignait peut-être que l'Ange de Saint-Pierre ne vînt briser nos chaînes et nous ouvrir les portes.

D'après des renseignements qui m'ont été donnés par des personnes dignes de foi, voilà la véritable cause de ce changement.

M. de Courceuil, grâce à son cœur généreux, fut pour nous un bienfaiteur et un sauveur comme M. Lafond.

Craignant que la nuit ne favorisât les desseins sanguinaires des patriotes de Moulins à notre égard, il prit des mesures pour nous faire conduire au corps-de-garde, persuadé que nous y serions plus en sûreté. Nous y obtînmes une chambre, mais comme le corps-de-garde se tenait dans une auberge, cela fut cause que nous eûmes plusieurs avanies à souffrir de la part de quelques patriotes qui trouvèrent le moyen de se glisser jusqu'à nous.

LXX. — M. l'Abbé Coupard va être conduit a Mortagne. — Cependant on délibérait à la municipalité de Moulins sur ce qu'il fallait faire de M. l'abbé Coupard.

Les membres de la municipalité, après avoir considéré que le domicile de l'abbé Coupard était à Mortagne, statuèrent que cet abbé y serait conduit immédiatement. Ils décidèrent aussi que Gastine et un capitaine de chasseurs seraient chargés de l'accompagner pendant le trajet.

Le lendemain 16 août 1792, deux chevaux fringants sont attelés, dès le matin, sur le cabriolet. M. l'abbé Coupard y monte, ainsi que Gastine et le capitaine qui, tous deux, occupent le devant, et le conducteur est en selle.

A cette nouvelle, les gens de Moulins accourent, et les curieux affluent autour de la voiture. Il n'y a plus de faucilles, et les patriotes n'ont que des bâtons, mais le beaupère de Gastine se trouve des premiers à ce spectable, et lui, il est armé de son fusil double, et crie de toutes ses forces : « Rangez-vous, que je le tue ».

Deux gendarmes à cheval escortent la voiture.

Le signal du départ est donné, et le cocher se met en route. Mais il faut descendre une voie étroite, bordée d'un côté par des maisons, de l'autre par un monticule.

Alors le beau-père de Gastine se met à

brailler, et fait brailler la multitude. Des huées, des vociférations se font entendre, et le tintamarre est si épouvantable que les chevaux en sont effrayés. Ils s'emportent et entraînent le cabriolet sur le monticule; puis ils se cabrent, le conducteur est renversé, les voyageurs lancés au loin par le choc et le cabriolet est brisé.

Le chapeau et la perruque de M. l'Abbé sont... sans doute sous les chevaux; lui est à côté des chevaux, sur ses genoux, essayant de se relever. Le capitaine, appuyé sur un bâton d'emprunt, profondément penché du côté droit, se traîne péniblement vers son logis. Gastine, lui, n'est plus reconnaissable. Sa figure paraît nager dans le sang; il a le front fendu; sa bouche s'emplit du sang qui coule de son front, et il le crache en jurant. Transporté de fureur, il a enlevé le premier bâton qu'il a trouvé sous sa main. Il cherche son beau-père; enfin il le trouve. Ne cessant de jurer de manière à faire peur au plus hardi, il tombe à coups de bâton sur le corps de son beau-père, et ne regarde point sur quel endroit il frappe.

Du reste, il n'aurait guère pu le distinguer, car le sang qui coulait de son front entrait dans ses yeux et dans sa bouche, et de sa bouche, lorsqu'il criait, le sang jaillissait en éclaboussant sur son beau-père qui, de son côté, ne cessait d'appeler au secours.

—Au secours... au secours... répétait-il

sans cesse, à moi... à moi. Ah ! malheureux,
tu vas me tuer !

Combien ce bon patriote reçut-il de coups
de bâton ? Bien habile qui les eût comptés,
car ils tombaient sur lui à tour de bras,
drû comme grêle. Il aurait probablement
succombé sous les coups, si sa fille, femme
de Gastine, n'eut mis un terme par ses
larmes et ses supplications à cette correction
infligée à son père avec beaucoup trop
d'irrévérence.

— Je t'en prie, mon cher ami, disait-elle,
grâce... grâce... c'est notre père... Hélas ! tu
vas le tuer... pardon ! grâce ! je t'en supplie.

Enfin Mme Gastine, en cherchant à couvrir
son père des coups qu'il recevait, réussit à
mettre assez d'intervalle entre son mari et
son père pour qu'on put facilement les
séparer. Alors elle entraîna son mari, après
lui avoir appliqué son mouchoir sur le front,
et elle confia son père aux soins d'une amie.

Un médecin se hâta de visiter les blessés ;
il jugea utile de pratiquer une forte saignée
sur le beau-père de Gastine et sur le capitaine ; on nous rapporta que ce dernier avait
trois côtes enfoncées. Quant à M. l'Abbé,
qui avait été lancé sur un tas de pierres, il
avait reçu au visage et à la tête cinq contusions, qui ne parurent pas dangereuses ;
mais aux reins et aux côtés, il éprouvait
quelques douleurs.

Celui que les patriotes accusaient d'être

un criminel fut le moins maltraité. Une bonne âme lui rendit sa perruque et son chapeau. -

Toute cette scène tragique, nous l'avions vue par notre fenêtre.

Le domestique de M. l'Abbé, après l'avoir relevé de sa chute, l'avait ramené vers nous en lui donnant le bras. Il ne voulut pas être saigné, et nous bassinâmes seulement ses contusions avec de l'eau salée. Il ne proféra ni plaintes, ni murmures et se contentait de dire : « Ce n'est rien, ce n'est rien. »

Le lendemain, ne se trouvant pas plus mal, il demanda à partir pour Mortagne, puisqu'on devait le conduire dans cette ville, où était son domicile. Sa voiture était hors de service, mais on lui en procura une autre d'emprunt.

M. l'Abbé y monte, et deux gendarmes prennent place auprès de lui. Ce jour-là, les patriotes de Moulins restèrent chez eux et il n'y eut pas la moindre avanie. On se lasse de tout, dit-on.

LXXI. — ENCORE LES BRETONS. — L'aventure, arrivée à Moulins le 16 août, était déjà connue à Mortagne, quand M. l'abbé Coupard y arriva le lendemain.

Les plus exaltés du club de Mortagne formèrent le projet de faire mieux que leurs frères et amis de Moulins, qui les avaient fait prévenir de l'arrivée de M. l'abbé Coupard dans leur ville pour le 17 août. Du reste l'occasion était favorable pour exciter une émeute contre ce vieillard inoffensif.

Presque tous les jours, des bandes de Bretons passaient dans cette capitale du Perche, et le jour même où M. l'Abbé y arrivait, plusieurs centaines de Bretons y faisaient séjour. Ils n'avaient point d'armes à feu, mais pour faire à cet aristocrate une réception telle qu'il la méritait, ils firent des baïonnettes avec les lames de leurs couteaux, qu'ils fixèrent au bout de leurs bâtons.

Instruit de ce complot, M. Pinguet, cafetier, et capitaine d'un régiment de chasseurs, entreprit de défendre M. l'abbé Coupard. Il réunit ses hommes, leur exposa son dessein et tous lui répondirent qu'il pouvait compter sur eux.

A l'arrivée de la voiture, la lutte ne tarda pas à s'engager, mais les chasseurs serrèrent de si près la voiture qu'elle fut inabordable aux terribles Bretons.

Les autorités de Mortagne décidèrent de faire conduire à la prison M. l'abbé Coupard. Quand ce vénérable ecclésiastique descendit de voiture pour s'y rendre, les Bretons s'efforcèrent de nouveau de l'atteindre, mais leurs lames n'atteignirent que quelques chasseurs, et M. Pinguet lui-même. Enfin, ces braves gens parvinrent, mais non sans peine, à déposer leur protégé

14.

sain et sauf dans la prison, en se le passant de bras en bras. Il y était encore, quand, l'abbé Blanche et moi, nous sortîmes de France. Ses biens furent mis sous le séquestre, et cette translation de Rouen à Moulins, et de Moulins à Mortagne, lui coûta quatre mille francs.

LXXII. — L'Abbé Blanche a Mortagne.

— Immédiatement après le départ de M. l'abbé Coupard, nous fûmes retirés du corps de garde, et remis dans la prison.

La municipalité, considérant alors que l'abbé Blanche jouissait d'une chapellenie à la collégiale de Toussaint, et qu'en cette qualité de chapelain il touchait un traitement ; considérant de plus que pour cette raison il était justiciable des autorités de Mortagne, arrêta que ledit Blanche, prêtre réfractaire, serait conduit à Mortagne pour y être jugé.

Deux gendarmes vinrent l'avertir qu'ils avaient reçu l'ordre de le conduire à Mortagne et lui dirent de se pourvoir d'un cheval pour le lendemain matin.

A cette nouvelle, mon confrère, fut vivement émotionné, et crut que ses jours touchaient à leur fin. Aussitôt, persuadé de l'idée qu'il paraîtrait bientôt devant Dieu, il me pria d'entendre la confession générale de toute sa vie, puis il me dit : « Je n'attends plus que la mort ; j'y suis résigné ».

Avant de sortir de la prison, l'abbé Blanche m'embrassa en me disant : « Nous nous reverrons là-haut ! » Hélas ! Deux de nos amis avaient déjà été mis à mort par les patriotes et donné généreusement leur vie pour la défense de la foi catholique.

Le visage empreint d'une profonde tristesse, je le vois partir pour Mortagne. Il monte à cheval, et deux gendarmes l'escortent, mais le voyage ne fut pas long. Les trois voyageurs s'avancèrent jusqu'à une portée de fusil de Mortagne. Là, les gendarmes furent instruits qu'il y avait en ce moment du tumulte dans la ville, et que, si l'abbé Blanche y entrait, il allait y mourir sous les coups des séditieux.

Ne voulant pas conduire leur prisonnier à la mort, ils n'allèrent pas plus loin, tournèrent bride et ramenèrent l'abbé Blanche à Moulins. Ma tristesse se changea bien vite en joie, quand, le même jour et de bonne heure, je revis mon confrère reprendre sa place dans la prison (18 août 1792).

LXXIII. — Ils seront jugés... et Ils vont l'être. — Le décret qui condamnait à la déportation les prêtres réfractaires était promulgué. Ceux dont l'arrestation aurait lieu après le 5 septembre devaient être déportés à la Guyane. Le délai fatal du 5 septembre approchait. Nous réclamions des passeports, mais c'était inutilement, car la municipalité prétendait qu'avant de nous en donner il fallait que nous fussions jugés.

Enfin le jour du jugement est fixé au 19 août.

La brigade toute entière vint nous prendre à la prison. L'accès de l'audience est difficile ; il y a encombrement et on crie : la grillade... la grillade... la cataquoua... du qui fuit... vive la Nation !

Tout le mobilier de la salle d'audience de l'ancien bailliage a été respecté et conservé ; les sièges, le bureau, tout s'y trouvait encore, à l'exception des anciens juges et des anciens procureurs et avocats.

La nouvelle cour se composait du président Creveux, avocat sans cause, mari de la Harpie, ci-devant assez bon bonhomme, dont cette mégère a fait un assassin, non de fait, mais de volonté ; du procureur de la commune, Fleury, maître cordonnier, puis de dix ou douze assesseurs, qui étaient aubergistes, tisserands, ou exerçaient des professions analogues. Chacun de ces magistrats était costumé selon son état, sans aucune cérémonie. On peut dire aujourd'hui que cette justice-là n'était qu'un masque, qu'une apparence de justice, à cela près qu'elle ne badinait pas.

Déjà la cour est sur son siège. Placés en face du tribunal, nous nous tenons debout et non sur la sellette. Cinq gendarmes nous entourent. Un conseiller avertit le président qu'il doit procéder à notre interrogatoire. Le président lui répond que l'accusateur public, c'est-à-dire, le procureur de la commune, n'est pas là. On entend enfin... toc... toc... toc, le v'là qui vient... place... place, c'est le procureur de la commune.

Son portrait ne sera pas ici déplacé. Il contribuera à donner une plus juste idée de ces temps de désordre et de confusion.

Cordonnier de son état, son échoppe se trouvait sur la place où tient le marché. Large de poitrine et d'épaules, il *glosait fort et bien*; de là son élévation dans la magistrature. A sa naissance, il n'apporta *qu'une jambe et une jambette*; avec le temps une demi-jambe lui poussa. Elle ne descendit pas tout à fait jusqu'au genou de la mère-jambe, et la grosseur était en proportion de la longueur; le talon était en sens inverse. Deux béquilles la mettaient en mouvement comme le balancier d'une horloge, et un tablier de gros cuir la voilait par devant. Quand il plaisait au procureur de la commune de sortir de son échoppe, il prenait ses béquilles, et, à chaque enjambée, sa jambette s'élançait sur son tablier de cuir et faisait toc. S'il en faisait deux, elle faisait toc... toc; en un mot, la jambe et la jambette marchaient ensemble. La grande posait à terre, et la petite allait faire toc... toc... sur le tablier de cuir.

Le voilà donc occupant le siège de l'ancien procureur du roi, ses deux béquilles en arrêt.

Le président s'adresse à lui :

— Mais tu ne dis rien, Fleury ; donne donc ton réquisitoire.

— Mon réquisitoire ? Le voilà, dit le procureur. Eh bien ! j'accuse ces hommes-là d'être traîtres à la Nation et d'avoir voulu brûler Paris. Je veux qu'ils soient jugés... V'là ce que j'entends, moi.

Aussitôt un *tolle* général s'éleva. Gastine parvint encore à mettre le holà, parfaitement secondé par M. de Courceuil.

— Silence... silence... dirent-ils, nous voulons qu'ils soient entendus.

Le calme se rétablit et le président commença l'interrogatoire.

Le Président. — Vous avez été à Paris ?

R. — Oui.

D. — Pendant combien de temps ?

R. — Quatre ou cinq mois.

D. — Pour y faire quoi ?

R. — Rien. Pour nous soustraire à la persécution.

D. — Depuis quand en êtes-vous sortis ?

R. — Depuis le 3 de ce mois.

Le Président. — Nous verrons. Citoyen Blanche, n'avez-vous pas écrit à votre sœur que vous craigniez la grillade ?

R. — Oui.

D. — Pourquoi la craigniez-vous, la grillade?

R. — Exposé comme je l'étais, je devais tout craindre. On avait brûlé les pieds à l'un de mes confrères, et j'avais peur que l'on me fît endurer le même supplice.

Le Président. — Et vous, citoyen Marre, où étiez-vous au 10 août?

R. — A Rouen. L'abbé Blanche et moi, nous ne nous sommes pas quittés. Ainsi, s'il vous plaît de m'adresser les mêmes questions qu'à lui, je vais y faire les mêmes réponses.

D. — Reconnaissez-vous avoir écrit du « *qui fuit* » à une personne de Moulins?

R. — Oui, je le reconnais.

D. — Qu'entendez-vous par du *qui fuit?*

R. — *Qui fuit* signifie *qui a été*, et *qui n'est plus*. Par là j'entends que j'avais quitté la soutane pour prendre un habit vert. En effet ma cataquoua et mon habit vert ne sentaient pas l'abbé.

Gastine, lui, trouva mon explication suffisante.

L'homme à la jambette. — C'est un complot pour brûler Paris... V'là ce que ça veut dire, la *grillade*, et du *qui fuit*, c'est le mot d'ordre.

Le Président. — Où étiez-vous au 10 août?

R. — A Rouen, nous l'avons déjà dit.

Le Président. — Ça n'est pas vrai... Vous

étiez aux Tuileries avec les Suisses à tirer sur le peuple.

Gastine. — Tu mens.

Le Président. — Je les y ai vus.

Gastine, en jurant. — Menteur, infâme menteur, vil imposteur, descends de ton siège... Citoyens, ils étaient à Rouen, j'en suis sûr, je les y ai vus... C'est un infâme menteur... tu en as menti, entends-tu ?... Où est la lettre écrite de Rouen ? Je veux la voir. Tiens... lis. Tiens... vois-tu ? Rouen, 6 août.

Le Président. — Oui, mais ils ont pu se trouver le 10 à Paris.

Gastine. — Oui, tu mens, entends-tu ? Car, ce jour-là, le 10 août, ils étaient à Rouen malades d'un empoisonnement... je les y ai vus dans leurs lits... En croiras-tu le district de Rouen ? Faut-il que je prouve par le témoignage de ce district qu'ils étaient à Rouen ?

A notre tour, nous affirmons de nouveau que nous étions à Rouen le 10 août, et nous offrons de le prouver par le certificat des médecins qui nous avaient soigné et des gendarmes qui nous avaient gardé. Enfin Gastine s'écrie : « Qu'on les juge... Oui, qu'on les juge, mais qu'on ne vienne pas les accuser faussement ».

La rude apostrophe de Gastine au président qui ne trouva rien à répondre, les bonnes paroles du même Gastine en notre faveur, les preuves que nous étions prêts à fournir, tout cela servit à nous faire des partisans.

Dès que Gastine eut fini de parler, une voix s'écria aussitôt : « Vive Gastine ». Immédiatement des bravos se firent entendre dans tout l'auditoire, et le président et l'accusateur public demeurèrent muets.

Le président Creveux attira sur lui, ce jour-là, une partie de la haine qu'on nous portait. Le désaccord et la confusion se mirent aussi parmi les membres du tribunal. Plusieurs conseillers se levèrent et descendirent de leurs sièges, et les gendarmes nous reconduisirent en prison.

De tous les gendarmes par les mains desquels nous avons passé, un seul, et ce fut à Moulins, se montra sanguinaire. Ce gendarme-là, du reste, avait été récemment incorporé. Il se tenait derrière moi, pendant que le président m'interrogeait, et je l'entendis qui disait :

« Je vas lui passer mon sabre au travers du corps. » Il porta aussitôt la main à son sabre, mais ses camarades saisirent son bras et la poignée de son sabre, et, du geste et du regard, mirent le holà.

Un d'eux lui dit : « Ne t'en avises pas ». C'est le seul de cette arme qui m'ait paru menaçant. Tous les autres s'étaient montrés, et se montrèrent polis et obligeants.

LXXIV. — Procès-verbal. — Tandis que nous nous applaudissions du triomphe que, grâce à Gastine, nous venions de remporter, le dépit et la rage travaillaient à nous envoyer à l'échafaud. Le greffier de la *cour révolutionnaire* de Moulins avait été greffier en chef de l'ancien tribunal, et savait parfaitement rédiger un procès-verbal.

Le lendemain de notre interrogatoire, cinq ou six des révolutionnaires les plus marquants tinrent conseil, assistés du greffier. D'un concert unanime, ils dressèrent un acte constatant que nous avions cherché à faire tuer les patriotes, que nous étions entrés dans un complot pour faire brûler Paris, qu'au 10 août, nous nous étions rangés parmi les Suisses, et que, des fenêtres du château des Tuileries, nous avions tiré des coups de fusil sur le peuple. Cette pièce, en dûe forme, adressée au comité de Salut public, fut jetée dans la boîte aux lettres. Ils étaient bien persuadés qu'ils nous adressaient droit à l'échafaud, car le comité de Salut public n'en demandait pas tant pour condamner à mort un aristocrate ou un réfractaire.

La fée Carabosse ne garda pas longtemps le secret. Nous en fûmes aussitôt informés et nous fîmes le sacrifice de notre vie.

Mais, dans un danger aussi pressant, nous trouvâmes un sauveur du côté où nous nous y attendions le moins. Ce sauveur, ce fut le directeur de la poste aux lettres de Moulins, M. Creveux, le frère du président du tribunal. En effet, cet homme de bien et vraiment courageux, dont les sentiments étaient aussi élevés, aussi nobles, aussi généreux que ceux de son frère étaient sordides, iniques et cruels, ne balança pas à réduire en cendres l'arrêt de notre mort. Il ne craignit pas de jeter au feu l'acte d'accusation qui nous acheminait vers la guillotine.

Aurions-nous été plus épargnés à Paris que ne le fut la famille Crouillère, de Séez. La femme de Crouillère, simple charpentier, fut accusée par quelques individus d'avoir reçu, conjointement avec son mari et ses enfants, une lettre de son fils, prêtre insermenté, refugié en Angleterre. Alors cette famille fut mandée de Séez à Paris par le terrible comité du Salut public, et tous ses membres passèrent, de la voiture qui les avait transportés, sous le triangle d'acier, comme disaient plaisamment ces tigres à figures humaines.

Le directeur des postes, dont nous venons de rapporter la noble conduite à notre égard, savait bien qu'il y allait de sa tête ; aussi garda-t-il pour lui seul le secret le plus absolu.

Il fut plus discret que sa belle-sœur qui disait et répétait : « Nous les enverrons à Paris avant qu'il soit huit jours ».

LXXV. — Massacres a Paris, a Alençon, a Bellême et a Gacé. — Les horribles journées des 2 et 3 septembre 1792 venaient de s'accomplir à Paris. On assassinait dans cette capitale de la France des centaines d'ecclésiastiques, arrêtés après le 10 août. Nous eussions été compris dans cette horrible boucherie, si le bon M. Guy ne nous eût pas pris en pitié et facilité notre départ de Paris pour Rouen.

Si j'étais pape, j'établirais une fête en commémoration de tant d'illustres et innocentes victimes.

Du club des Jacobins sortaient chaque jour des lois sanguinaires. La France n'était plus qu'une vaste arène de carnage, qu'un théâtre d'extermination. Partout le sang coulait. Le signal avait été donné à Paris, et les assassins ne firent pas défaut dans les provinces. Combien de prêtres furent aussi immolés dans le reste de la France, et même dans notre département. A Alençon, un religieux, le Père Valframbert, fut massacré par la populace. A Bellême, un curé fut mis en morceaux et ses membres dispersés par les rues ; sa tête fut plantée au bout d'une pique et portée en triomphe par la ville. A Laiglê, un autre curé laissa sa tête, enfilée par le gosier, dans deux des doigts d'un cannibale, qui la portait par les rues pour l'appliquer sur les joues des dames aristocrates. A Gacé, quatre prêtres, dont un de mes amis particuliers, partaient pour la déportation, munis de passeports en règle. Assaillis par une bande de furieux, précipités dans les fossés du château, ils y furent assommés à coups de triques et de projectiles.

Représentez-vous sur toute la surface de la France les mêmes atrocités, et jugez à quel degré de cruauté peut descendre l'espèce humaine! La nature des animaux reste la même, tant qu'ils n'enragent pas; mais ils n'ont pas, comme le genre humain, des clubs pour leur communiquer l'hydrophobie!

Tous ces massacres avaient lieu à quelques lieues de notre résidence. Et ces prêtres, à qui on avait enlevé la vie, ce qu'on leur reprochait, c'était d'avoir refusé de prêter le serment schismatique; et nous, nos persécuteurs nous accusaient de ce prétendu crime et de plusieurs autres encore, tout aussi graves et dignes de mort à leurs yeux... et notre sang coulait encore dans nos veines!

Ces prêtres, en effet, avaient-ils, *comme nous*, tué les patriotes à la journée du 10 août? Avaient-ils, comme nous, conspiré contre Paris? Non. Assurément non. Cependant ils étaient massacrés, et *nous vivions encore*. C'était là un scandale, principalement pour les assassins de Gacé; c'était inoui, c'était intolérable, disaient-ils; aussi ils se mettent en tête de le réparer. A cette fin, ils s'acheminent, au nombre de dix-sept environ, et vont apprendre à ceux de Moulins comment justice se fait.

La *Harpie*, toujours initiée aux conseils secrets des patriotes, ne put garder le secret de ce criminel projet, et M. de Courceuil en fut averti à temps. Il rassembla la garde nationale, lui fit comprendre qu'elle se déshonorerait à jamais, si elle souffrait, l'arme au bras, que des étrangers vinssent impunément égorger des hommes qu'elle était chargée de défendre, et lui demanda de repousser la force par la force.

L'honneur et l'amour-propre s'en mêlèrent, et les gardes nationaux, tous, d'une seule voix, s'écrièrent : « Qu'ils y viennent, et nous verrons ». Mais ceux de Gacé ne vinrent pas jusqu'à Moulins.

M. de Courceuil, Gastine et quelques grenadiers allèrent au-devant d'eux sur la route de Gacé et leur signifièrent qu'ils ne souffriront pas que des étrangers viennent se mêler de leurs affaires. Enfin, ils les menacèrent de repousser la force par la force, s'ils se permettaient d'user de violence. La bravoure de ces septembriseurs ne fut pas de longue durée. En face de gens déterminés à se défendre, ils n'osèrent pas s'avancer plus loin, et sur-le-champ ils rebroussèrent chemin. Du reste, ils n'en avaient encore fait que la moitié environ.

Nous avions, comme je l'ai déjà dit, gagné

dans l'opinion publique, et la plupart de ceux qui, au 15 août, en voulaient à nos têtes, les auraient défendues au 15 septembre. Ce fut donc à contre-cœur, mais grâce à nos braves défenseurs, que les assassins de Gacé nous permirent de vivre.

LXXVI. — SERMENT DE LIBERTÉ ET D'ÉGALITÉ. — Après la fameuse séance où Gastine se fit notre défenseur contre le président Creveux, nous demandâmes de nouveau des passeports, mais ils nous furent encore refusés, sous prétexte que nous étions en cause à Paris. Nous fîmes le sacrifice de notre vie. Nous ne tenions plus à la terre, et nous nous préparâmes à paraître devant Dieu.

Quelques jours après, les membres de la municipalité de Moulins se ravisèrent, et les passeports que nous avions demandés nous furent promis à la condition que nous prêterions le serment de liberté et d'égalité.

Voici la formule de ce serment :

« Je jure d'être fidèle à la Nation, à la
« Loi et au Roi, de maintenir de tout mon
« pouvoir la liberté et l'égalité, et de verser
« tout mon sang pour la défense de la
« patrie ».

Les chanoines, les prêtres habitués, les religieux n'étaient pas tenus au serment prescrit par la Constitution civile du clergé, mais, comme tous les autres citoyens actifs, ils étaient tenus de faire le serment de liberté et d'égalité.

Quelques docteurs, tout en convenant que ce serment n'avait en lui rien de condamnable, soutenaient qu'il ne pouvait être prêté en toute sûreté de conscience, parce qu'il entrait dans le sens de ceux qui l'exigeaient. D'autres docteurs catholiques le toléraient et permettaient de le prêter.

Les évêques, partis pour l'exil, n'étaient plus là pour décider si ce nouveau serment était licite et la Cour de Rome n'avait encore rien prononcé sur cette question.

Dans la position où nous étions, nous ne pouvions consulter personne, et nous approfondîmes de notre mieux la formule du serment. Il y avait raisons pour et raisons contre, exemples pour et exemples contre. Si le législateur, dit l'abbé Blanche, avait mis ici de maintenir la liberté et l'égalité *sociales*, je ne verrais aucune difficulté à le prêter.

En effet, la liberté et l'égalité, c'est sur ces deux grands mots que s'appuient les factieux, mais la chose en elle-même n'est pas l'abus de la chose. Parce qu'on peut abuser de tout, même de ce qu'il y a de plus sacré, du serment, par exemple, faut-il pour cela rejeter tous les serments ? Ce serait d'un fanatisme aveugle ; ce serait se faire la dupe d'un entêtement coupable.

Saint Paul a dit : « *Ne croyez pas à tous*

les esprits ». Il a dit aussi : « *Soyez soumis à la puissance qui gouverne* ». La liberté et l'égalité ne sont-elles pas prêchées dans les livres saints ? De plus, si nous étions bien informés, ce serment n'aurait pas été condamné par le Saint-Père. Le Souverain Pontife savait en effet que des milliers de Français étaient tenus de le prêter ; ce père de nos âmes aurait-il gardé le silence, si la religion avait été compromise ? Enfin des religieux, des chanoines, des prêtres, non fonctionnaires publics, qui auraient tout souffert, la mort même, plutôt que de prêter serment à la Constitution civile du clergé, n'avaient pas fait difficulté de prêter le serment de liberté et d'égalité.

Le qualificatif « *sociales* », ajouté aux mots liberté et égalité, nous parut être un très bon expédient. Nous applaudîmes à notre découverte, dans la pensée qu'en ajoutant ce mot, nous serions à l'abri des remords. *Mais la formule* portait ces derniers mots : « *de verser tout mon sang pour la défense de la patrie* ». Cette clause nous répugnait. Nous en raisonnâmes tant bien que mal, et nous finîmes par conclure qu'elle était pour nous comme non avenue, qu'elle ne nous regardait pas, puisque notre patrie nous chassait de son territoire. Cette considération, fondée ou non, nous parut suffisamment rationnelle. Nous jurâmes de maintenir la liberté et l'égalité *sociales*, etc.

Dans le bourg de Moulins se trouvaient alors, en même temps que nous, deux autres ecclésiastiques, M. l'abbé Roger, ex-chapelain de la Charité et M. l'abbé Houlette, ex-bénédictin.

Le dimanche 23 septembre 1792, à neuf heures du matin, des gendarmes vinrent nous chercher à la prison, l'abbé Blanche et moi, pour nous conduire à la mairie. M. l'abbé Roger et M. l'abbé Houlette y étaient déjà.

Nous trouvâmes à la mairie la garde nationale, en grande tenue, et nous dîmes que nous allions prêter le serment de liberté et d'égalité. On nous répondit : « La cérémonie va avoir lieu à l'église ».

Nous nous dirigeons vers l'église, placés tous quatre au milieu des gendarmes qui nous escortaient, et on eût dit, en nous voyant, que nous ressemblions à quatre criminels qui marchaient au supplice.

Les paroisses des environs fournirent un fort contingent de curieux pour cette cérémonie, et il y avait presse dans le lieu saint. Le programme de cette journée avait été calculé d'avance. L'abbé Molveau, de vicaire qu'il était à Moulins, en avait été proclamé curé par les électeurs, le jour où la *Harpie* alla leur crier : « *V'là trois têtes à couper* ». Ce curé constitutionnel était à l'autel, quand nous arrivâmes. Je pris place auprès de M. l'abbé Roger.

L'officiant, en se tournant, chanta : *Dominus vobiscum.*

— Oui, oui, dit tout bas l'abbé Roger, chante, chante... je ne te répondrai pas : *Et cum spiritu tuo.*

Hélas ! j'étais trop affecté pour rire de cette boutade. Autrefois, ce M. Molveau avait ce qu'on appelle une conscience scrupuleuse et timorée, et était très long à dire la messe. Ce jour-là, il mit moins de temps à chanter sa messe constitutionnelle, qu'il en mettait, avant le serment, à dire une messe basse. Quand l'office fut terminé, tranquilles sur la restriction que nous avions mise au premier serment, n'ayant aucune autorité ecclésiastique pour nous guider, ne trouvant rien de condamnable dans la promesse de maintenir la liberté et l'égalité *sociales*, nous prononçâmes la formule du serment en ajoutant le mot : *sociales.*

Il ne nous fallait plus, pour pouvoir secouer la poussière de nos pieds, que les passeports promis. Il nous fut répondu que ce n'était pas la peine, que ça finirait bientôt, et que, d'ailleurs, le délai était passé, mais on ajouta qu'en nous soumettant aux lois, nous n'aurions plus rien à craindre.

On nous avait promis de nous délivrer des passeports, si nous prêtions le serment de liberté et d'égalité, et, le serment prêté, on nous les refusa. Nous fûmes déçus sous ce rapport, mais d'un autre côté, ce fut une chose très avantageuse pour nous, au point de vue de la popularité, de l'avoir prêté, car cet acte de soumission gagna à notre cause et nous rendit favorables les deux tiers et même plus de la population de Moulins, et plusieurs indices nous permirent de croire que, bientôt, nous pourrions nous montrer tête levée et sans aucune crainte.

LXXVII. — ILS FOURNIRONT CAUTION. — La fée Carabosse avait beau répéter que nous étions en cause à Paris, cependant le comité de Salut public ne nous appelait pas ; l'ordre de notre enlèvement, attendu, espéré de jour en jour, n'arrivait pas, et nos ennemis s'épuisaient en *conjectures*.

Beaucoup d'esprits égarés se replièrent alors vers le bon sens. Ce n'est pas sans éprouver de vives émotions (qu'ils ne laissaient pas paraître au dehors), que les gens de bien (et ils étaient encore de beaucoup les plus nombreux), avaient vu tant de cruautés et tant de massacres commis sans aucune forme de procès. Tant de courage, tant de résignation chrétienne du côté des victimes : tant de barbarie du côté des bourreaux commençaient à remuer tous les cœurs honnêtes. Les idées de modération pouvaient s'afficher publiquement, à Moulins du moins.

Vers la fin du mois de septembre, le

directeur de la poste, M. Creveux, celui qui nous avait arrachés à l'échafaud, plaida notre cause. Il dit aux patriotes de Moulins :

« Comment donc l'entendez-vous, vous autres ? Vous exigez le serment de liberté, vous le faites prêter par deux prisonniers, et vous les gardez en prison ! N'est-ce pas là vous moquer du sens commun ? »

Ces paroles les firent réfléchir, et ils promirent de prendre bientôt des mesures pour nous mettre en liberté. Quelques jours s'écoulèrent encore, avant que nos ennemis les plus acharnés se décidassent à ouvrir les portes de notre prison. Enfin, persuadés qu'aucune suite ne serait donnée à leur rapport, honteux peut-être de leur insuccès, voulant peut-être se rétablir dans l'opinion publique qui les condamnait, ils prirent une résolution en trois points ; la voici : 1° ils fourniront caution ; 2° ils auront le bourg pour prison ; 3° ils se présenteront à la municipalité le matin et le soir de chaque jour.

Mme Blanche se porta caution pour son frère et fut agréée. Ma mère fut refusée. Ma cousine Bureau, de la Burlière, vint s'offrir et fut trouvée capable, quoiqu'elle eût sonné la messe avec sa braye et qu'elle m'eût fait des chasubles avec du papier peint.

On dressa immédiatement le procès-verbal de notre libération, et les portes de notre cachot s'ouvrirent. Pour moi, j'allai chez ma mère, et l'abbé Blanche se mit en pension chez un médecin.

CHAPITRE VIII

Alençon. — Aux filles Sainte-Claire

LXXVIII. — Une Arrestation Nocturne. — Ils ont aristocratisé tout le Bourg. — La cérémonie du serment de liberté avait de beaucoup affaibli la haine qu'on nous portait, et ceux de nos partisans, qui jusqu'à ce jour s'étaient par crainte tenus dans l'ombre, commencèrent à se montrer ouvertement.

Le clergé constitutionnel contribua aussi, sans le vouloir, à nous rendre les faveurs du public. Les curés constitutionnels, en effet, ne menaient pas toujours une vie bien édifiante; plus ils commettaient d'actions peu conformes à la vie ecclésiastique, plus les erreurs de ceux qui n'étaient qu'égarés se dissipaient, et plusieurs patriotes, qui avaient conservé quelques restes de religion, revinrent de notre côté.

Cependant, nous avions toujours pour ennemis irréconciliables les patriotes les plus exaltés, qui ne voyaient qu'avec un profond dépit la liberté dont nous jouissions. Ce qui leur mettait surtout la rage dans le cœur, c'étaient les témoignages de sympathie que nous recevions publiquement. Acharnés contre nous par orgueil, par haine et par envie, ils cherchèrent à nous perdre.

La fée Carabosse et la Harpie jouèrent dans cette pièce les principaux rôles.

On disait publiquement que la Harpie avait ensorcelé son mari, le président Creveux, car, avant la Révolution, il était généralement regardé comme un brave homme, et tout le monde disait qu'il ne marchait plus que par ses ordres.

Quant à la fée Carabosse, elle ne courait pas, comme la Harpie, de rue en rue, et de maison en maison, mais elle entretenait le feu sacré du patriotisme. Elle continuait toujours, de sa fenêtre, à prêcher la Révolution, et ne manquait pas d'auditeurs.

Elle n'aimait pas les deux femmes qui nous avaient cautionné, l'abbé Blanche et moi, et débitait sur leur compte les inventions les plus calomnieuses. Elle ne s'endormait pas non plus sur le nôtre. « Il fallait de toute nécessité, disait-elle, en finir avec nous ».

Dans un conciliabule tenu chez la fée Carabosse, on décida que le directoire d'Alençon serait immédiatement informé du revirement d'opinion qui s'était opéré dans la majeure partie de la population de Moulins, ainsi que des dangers que courait la chose publique par la prolongation de notre séjour dans cette localité.

« Ces prêtres réfractaires ont aristocratisé tout le bourg » tel fut l'avis qu'on adressa de Moulins au directoire d'Alençon sur notre compte. Puis, on ajoutait qu'il était urgent d'en finir avec des boute-feux qui faisaient de la contre-révolution, et qu'il serait prudent de procéder à notre enlèvement, non par la force, mais par la ruse, car notre parti était très fort, et, pour plus de sûreté, il était préférable de ne pas nous enlever ouvertement.

Le directoire, très prudent, envoya sept gendarmes qui, au milieu de la nuit, se firent conduire à mon domicile par un ferblantier, nommé Saudin, que ceux de Moulins avaient élu capitaine. Je fais, à dessein, mention de son nom ; parfait honnête homme, bien digne de ma reconnaissance, je me fais un devoir de la témoigner à sa mémoire.

C'était vers la mi-octobre. A une heure du matin, on frappa à la porte de la maison de ma mère en disant :

« Ah ! madame Marre, que ça me fait de peine ! »

C'était la voix de M. Saudin.

Avertissement obligeant que ma mère comprit. Ce capitaine en effet connaissait la disposition de notre maison, et savait que je pouvais fuir par notre jardin. Ma mère vint aussitôt me trouver à ma chambre :

« Sauve-toi, je t'en prie, me dit-elle. Ils sont là pour te prendre... Je t'en prie, sauve-toi par la porte du jardin ».

Les gendarmes semblaient temporiser pour me donner le temps de me sauver. Ils nous prouvèrent d'ailleurs combien était sincère l'intérêt qu'ils nous portaient.

Ma mère courut ouvrir la porte du jardin. Je lui dis aussitôt : « Non, ma mère, il faut que cela finisse... ouvrez, je vous en prie, ouvrez ».

En entendant ces paroles, ma pauvre mère se désole. Ses instances, ses larmes, ses sanglots me touchent, mais n'ébranlent pas ma résolution.

Enfin je commence à m'habiller, et ma mère va en chancelant ouvrir la porte. Entrent alors deux gendarmes et M. Saudin qui a les larmes aux yeux. Les gendarmes eux-mêmes paraissent attristés et pleins d'émotion.

Ils m'apprennent qu'il faut partir à l'instant pour Alençon.

L'abbé Blanche avait été arrêté avant moi. L'abbé Roger et l'abbé Houlette qui n'étaient pas réfractaires, puisqu'ils n'avaient pas été obligés de refuser le serment prescrit par la Constitution civile du clergé, qui n'était exigé que des fonctionnaires publics, devaient aussi être arrêtés, mais l'abbé

Roger seul avait été pris, et l'abbé Houlette s'était évadé par la porte de son jardin. J'ai appris depuis que, pour se cacher, il s'était, n'étant vêtu que de sa chemise, blotti dans un fossé tout couvert d'orties. Les gendarmes, le trouvant échappé, ne s'occupèrent pas de courir après lui, et nous dirent qu'ils n'avaient obéi qu'à regret à l'ordre d'arrêter des prêtres. Cette expédition nocturne mit sur pied une partie des habitants de Moulins. Il pleuvait à verse. Il me fallait un cheval et un manteau, mais M. Saudin se chargea de me procurer l'un et l'autre. L'abbé Blanche et l'abbé Roger reçurent aussi de personnes dévouées à notre cause le même témoignage d'obligeance. Qu'il est doux et consolant dans l'adversité de trouver des âmes sensibles et généreuses !

LXXIX. — LES INFORTUNES DE LA HARPIE ET DE SON MARI. — Le jour de notre arrestation nocturne fut un jour de malheur pour la Harpie et pour son mari. Accusés tous deux par la voix publique d'être la principale cause de notre enlèvement, ils furent rudement menacés par nos partisans. Lui, il prit la fuite, mais elle, elle fut prise. Alors une voix s'écria :

« Mais cette Harpie-là ne s'apaisera donc jamais ! portons-la dans l'abreuvoir ».

Aussitôt quelques femmes, bien décidées,

la saisissent, la portent à l'abreuvoir, et se disposent à lui faire faire le plongeon.

— Grâce... grâce... s'écriait la Harpie, vous allez me faire mourir.

— Point de grâce... tu n'en mérites pas, lui dit une femme.

— Oui, reprend une autre, nous allons te l'accorder ta grâce, mais à la condition que tu... décampes d'ici dans trois jours, ainsi que ton mari.

— Oui, oui, répond immédiatement la Harpie, oui, je vous le promets.

Après lui avoir infligé une sévère correction, ces femmes lui rendirent la liberté, en lui signifiant que, si elles la retrouvaient dans le pays, elle et son mari, elles *leur feraient danser la mal-aisée.*

Dès le lendemain, ils étaient tous deux logés à Laigle. La Harpie se fit bientôt connaître à Laigle. Toujours animée de la haine la plus violente contre les aristocrates, elle dénonça la retraite de M. l'abbé François-Guillaume Lemaître, vicaire de Crulay, qui fut guillotiné à Laigle le 29 mars 1794, ainsi que Jacques Morel et sa femme qui lui avaient donné asile dans leur maison.

LXXX. — En Route pour Alençon. — Tous les apprêts de notre départ se firent avec une célérité extraordinaire, et nous nous mîmes en route sur les deux heures environ. Les procédés du commandant et de sa brigade furent pleins d'aménités, d'attentions et des soins les plus obligeants ; nous fûmes traités avec tous les égards dûs au malheur.

Nous arrivâmes de bonne heure au Mesle-sur-Sarthe, à peu près à moitié chemin, et le capitaine nous y fit faire une halte assez longue, car il voulait arriver à Alençon pendant la nuit. Sa prudence lui avait fait prendre ce parti, afin de nous soustraire à la fureur de la populace d'Alençon. Elle aurait pu, en effet, se porter à des outrages et à des excès contre nous, si elle nous avait vu entre les mains de la gendarmerie, et il n'aurait pas été facile de la réprimer. Pour cette raison, il valait beaucoup mieux attendre que les ténèbres nous protégeassent. Nous avions de nouveau trouvé un protecteur dans le capitaine, et ses gendarmes rivalisèrent avec lui de dévouement en notre faveur.

Dix heures sonnaient à Alençon, quand nous entrâmes dans une des salles du directoire, où étaient quatre ou cinq membres du district qui nous attendaient. Le capitaine qui nous avait amenés, toujours rempli de bienveillance, nous présenta. Aucun de ces messieurs ne daigna nous parler, et c'est à peine s'ils nous regardèrent. L'un d'eux dit seulement au capitaine.

— Conduisez-les à leur destination.

Le capitaine répondit :

— Citoyens, les cachots sont pleins d'eau.

Un autre dit :

— Eh bien ! menez-les aux filles Sainte-Claire.

Encore un acte d'obligeance, de compassion dans ces paroles : « Les cachots sont pleins d'eau », et peut-être aussi dans ces autres : « Aux filles Sainte-Claire ».

En allant au monastère de Sainte-Claire, le capitaine nous dit :

— Vous serez beaucoup mieux là ; vous serez avec des confrères.

Je suis heureux de trouver cette nouvelle occasion de payer à la gendarmerie qui nous escorta depuis Rouen jusqu'à Alençon le tribut d'éloges et d'actions de grâces que nous lui devons.

LXXXI. — Aux Filles Sainte-Claire. — Depuis notre départ de Moulins, la pluie n'avait pas cessé de tomber, et elle continuait toujours. Il était onze heures du soir quand nous arrivâmes à Sainte-Claire.

Cette ancienne communauté de filles était alors une prison. Les habitants étaient de vieux prêtres reclus, conformément au décret qui exemptait les sexagénaires de la déportation et les condamnait à la réclusion. Ils occupaient les cellules, occupées autrefois par les religieuses, et à l'heure où nous arrivions, ils étaient dans leurs lits.

Le concierge, d'un mutisme glacial, nous dit de le suivre. Il nous fit monter par un long escalier, et nous dirigea vers l'ancien laboratoire.

Le concierge, après en avoir ouvert la porte, nous dit :

« Avancez, avancez, il est très tard ».

Aussitôt, le vent souffla sur sa chandelle et l'éteignit. Cet homme se retira immédiatement en fermant la porte sur nous.

C'était un vaste appartement ouvert à tous les vents. Nous y trouvons des fenêtres ouvertes, pour cette raison bien simple que les fenêtres avaient été enlevées et qu'il ne restait plus que les ouvertures. Nous nous trouvions, à tâtons, entre quatre murailles, n'ayant pour sièges que les planches qui nous portaient.

Debout, sans lumière, nos manteaux dégouttaient sur le plancher, et le vent qui s'enfilait par les fenêtres ouvertes, attiré par les faux airs, nous lançait des bouffées de pluie. Nous secouions notre misère en frappant du pied sur le carreau.

Ils sont longtemps à revenir ; vont-ils nous laisser là jusqu'à ce que le jour arrive ? Oui. Mais une petite porte s'ouvre. Qui est là ? Des prisonniers, des prêtres. « Ah ! mes bons amis, tout à l'heure », dit une voix amie.

LXXXII. — M. Tison, curé de Féings. — Bientôt vient à nous un vénérable vieillard, muni d'une lanterne : c'était M. Tison, curé de Feings. Il nous fit entrer dans sa cellule qui lui était commune avec M. Brad, curé de Champs. Les paroisses de Champs et de Feings étant voisines de Mortagne, nous nous trouvions en société d'anciennes connaissances. Ces deux prêtres ne possédaient pour eux deux qu'un lit et deux chaises ; il nous fut donc impossible de rester avec eux. Et du reste, comment cinq hommes auraient-ils pu tenir dans un réduit où il n'y avait guère place que pour un seul ?

« Ah ! mes bons amis… mes bons amis », disait et répétait M. Tison, en déployant le zèle le plus actif pour venir à notre aide. Animé d'une nouvelle vie, ses forces semblent renaître ; il se multiplie pour nous secourir. Il y a une rangée de cellules où de vieux prêtres dorment, il se fait ouvrir.

On lui donne des matelas, des couvertures, et il nous dresse des lits dans les angles du laboratoire, à l'abri du vent. Il n'y a point de place pour nous dans les cellules où il n'y a qu'un lit, occupé par deux prêtres, et ce bon vieillard en gémit. Nous nous jetons sur nos matelas, mais nous ne pûmes fermer l'œil. M. l'abbé Roger, qui, sans doute, vu les circonstances, ne songeait pas à nous faire rire, y parvint cependant sans s'en apercevoir. Il était dans un des angles du laboratoire, seul sur son matelas, et à une certaine distance de nous.

Il ne cessa, jusqu'à son lever, de gratter sur le plancher, disant et répétant :

O durum scamnum !

Il citait des passages des auteurs latins dont le refrain, qu'il y ajoutait, était toujours : *O durum scamnum*.

Nous lui conseillâmes d'exposer aux membres du directoire, qu'étant chapelain d'une confrérie, il n'était pas fonctionnaire public, ce qu'il s'empressa de faire, et ce moyen lui réussit. Dès le lendemain, il fut remis en liberté.

Les ecclésiastiques, détenus dans la prison Sainte-Claire, se nourrissaient à leurs frais, comme ils l'entendaient, ou plutôt comme ils le pouvaient. M. l'abbé Tison et M. l'abbé Brad voulurent nous donner à déjeuner. Leur menu se composait de pain et de charcuterie, mais ils avaient seulement deux verres et deux assiettes ; nous bûmes à tour de rôle et mangeâmes de bon appétit ; le tout fut assaisonné d'un cordial entretien sur nos malheurs et sur ceux de la France. Combien nous regrettâmes de ne pouvoir reconnaître des procédés si bons et si affectueux !

De tout temps, le vénérable M. Tison s'était fait connaître par sa grande charité. Quant au revenu temporel, sa cure, la cure de Feings était, avant la Révolution, une

des meilleures des environs, et on dit encore
dans cette paroisse qu'il n'avait pas toujours les moyens de s'acheter une culotte.
Les pauvres de Feings en effet absorbaient
tous ses revenus. Hélas ! Ces pauvres-là, si
abondamment secourus, n'en furent guère
reconnaissants à M. Tison, leur vénérable
curé ! Quand la révolution éclata, ils se
tournèrent du côté de ceux qui persécu-
taient les prêtres qui restèrent, au péril de
leur vie, fidèles à l'Eglise catholique.

Comme M. Tison demeura fermement
attaché à l'Eglise romaine et fit même un
éloquent discours à ses paroissiens afin de
montrer pour quels motifs il ne voulait pas
prêter le serment constitutionnel, un bon
nombre d'habitants de Feings, composé en
grande partie de ceux qui lui devaient de la
reconnaissance, l'enlevèrent à force ouverte
de son presbytère, et le gardèrent à vue
dans une chaumière. De là, ils le conduisirent à Mortagne, le promenèrent à travers
toute la ville sur un âne, le dos tourné
vers la tête de l'animal, et l'obligèrent
à tenir d'une main la queue de l'animal, et
de l'autre, un paquet d'oribus allumé. La
promenade terminée, ils le conduisirent en
prison.

Environ un an plus tard, M. l'abbé Tison
et ses confrères furent conduits d'Alençon
dans les prisons de Chartres, puis transférés
dans celles de Rambouillet.

Remis en liberté vers la fin de l'année 1794, M. l'abbé Tison fut de nouveau repris vers la fin de l'année 1797, et conduit à l'île de Ré. De cette fois, il ne recouvra sa liberté qu'en 1801, après le Concordat. Ses forces étaient épuisées par les souffrances et les privations qu'il avait éprouvées pendant sa longue détention. Cependant, malgré son mauvais état de santé, il se mit en route pour revenir à Feings, mais il tomba malade le long du chemin et mourut avant d'avoir revu cette paroisse que, pendant de longues années, il avait comblée de ses bienfaits et édifiée par ses vertus apostoliques.

L'abbé Blanche et moi, ainsi que l'abbé Roger, nous étions entrés dans notre nouvelle prison pendant la nuit, par une pluie battante ; cependant le bruit de notre captivité à Sainte-Claire se répandit bientôt dans la ville d'Alençon. Le lendemain de notre arrivée, de bonnes âmes, — car il y en a partout, et il y en avait alors beaucoup à Alençon, — nous envoyèrent paillasses, matelas, draps, couvertures, couchettes, en un mot, tout ce qui pouvait nous être nécessaire dans la position où nous nous trouvions. Nous leur devions des remerciements pour leur charité active et vigilante, mais nos bienfaiteurs ne se firent pas connaître. Selon le précepte de notre divin Sauveur, ils firent le bien en secret, et nous priâmes

Dieu de les en récompenser, eux et leurs descendants, avec une divine munificence.

LXXXIII. — La Guyane. — Nous nous mîmes en pension chez le concierge, et nous mangions à sa table. Un jour, après avoir dîné, nous jouâmes avec lui au piquet, et nous eûmes soin de perdre. De revanche en revanche, il gagnait toujours; nous payâmes en assignats.

— Pauvres messieurs, nous dit-il, avec un air d'intérêt, que je vous plains !

— Allez toujours, dit l'abbé Blanche, nous ne jouons pas pour gagner, mais pour passer le temps ; ce délassement, nous ne pouvons pas le payer trop cher, et puis la fortune ne sera peut-être pas toujours de votre côté.

Le concierge reprit :

— C'est pour ça... c'est que... vous êtes condamnés.

— A quoi ? dit l'abbé Blanche.

— A être déportés à la Guyane.

Le délai que le décret sur la déportation avait fixé pour sortir du royaume était expiré, mais nous avions demandé, en temps opportun, des passeports pour obéir à la loi, et on nous avait répondu : « Il est impossible de vous en délivrer, car vous êtes en cause à Paris ».

Le directoire d'Alençon expédia notre affaire plus rondement.

Vu la loi du 26 août 1792, etc. Attendu,

dit-il, qu'ils ne se sont pas déportés dans le délai fixé par l'article 3, ils subiront la peine y portée.

Cette peine, c'était la déportation à la Guyane ; mais déjà on parlait de bateaux à soupapes, qui vous faisaient couler aux poissons.

Nous entreprîmes une justification établissant que nous n'avions pas été libres de nous déporter, et que nous avions demandé des passeports, mais qu'ils nous avaient été refusés. On n'en tint pas compte.

« C'en est fait, dit l'abbé Blanche, si nous n'allons pas aux poissons, la fièvre jaune nous emportera ».

LXXXIV. — Projets d'Évasion. — Nous en étions toujours aux expédients pour nous soustraire au grand voyage de la Guyane. Les périls de la fuite ne nous effrayaient pas, mais les moyens de tenter ces périls, nous ne les trouvions point.

Cependant le jardin de l'ancien monastère de Sainte-Claire nous était ouvert, et quoique les murs de ce jardin fussent assez élevés, un poirier qui en était bien près, était plus élevé encore, et étendait ses branches sur le mur du jardin. En l'examinant, je me disais : s'il y avait une rivière de l'autre côté de ce mur, nous pourrions y sauter et nous sauver à la nage. Je fis part de ma découverte à l'abbé Blanche.

— Reste à savoir si la rivière coule par là, me dit-il. Nous avons déjà fait bien des rêves creux ; en voilà encore un, je pense… notre mesure est bientôt comblée.

Mon rêve creux me revenait toujours à l'esprit. Plus je regardais le poirier, plus je trouvais qu'il était facile de faire le saut, mais pour cela j'aurais voulu que la rivière d'Alençon coulât au pied du mur, et je ne savais comment m'en assurer.

— Tiens ! me dis-je un matin, comme j'étais encore au lit, je vais monter dans le clocher, et si la rivière passe par là, ça va m'être facile de le voir.

Toute la liberté dont peuvent jouir des détenus, nous l'avions. Le jardin et les divers bâtiments de l'ancienne communauté de Sainte-Claire, nous pouvions à toute heure les visiter et les parcourir. Je montai donc dans le clocher. Je ne pus découvrir ni l'eau que je désirais voir, ni le pavé que je redoutais, mais en revanche je vis quelque chose qui me fit grand plaisir ; c'était la corde de la cloche.

La cloche n'était plus là, mais sa corde y était restée. On l'avait mise pliée sur le lambris, et je la toisai des yeux. Je retournai immédiatement examiner le poirier, et je vis que la branche, qui penchait vers la crête de la muraille, était forte et vigoureuse. En y fixant une corde, nous pouvions descendre dans la rue. Mais cette corde, nous l'avions trouvée dans le clocher ; point de sentinelles, point de surveillance, point d'obstacles, nous pouvions fuir favorisés par l'obscurité.

Fier, triomphant, je fis part de ma découverte à l'abbé Blanche. En nous promenant dans le jardin, en examinant le poirier, il s'enthousiasma et me dit :

« Oui, en vérité, si la corde est bonne, nous pouvons, en montant dans le poirier, l'attacher à la branche qui donne sur le mur ; puis en nous laissant glisser, nous atteindrons facilement le pied de la muraille. Nous nous sauverons ensuite en gagnant les champs ».

Le premier mouvement d'enthousiasme passé, nous commençâmes à réfléchir.

— Mais à quoi bon, dit l'abbé Blanche, à quoi bon tant nous presser ? La corde est au rebut, elle y restera ; le poirier tient bon, il ne tombera pas de sitôt. Il porte de bons fruits et ne sera point abattu. Attendons à la dernière extrémité. Qui sait ce que la Providence nous réserve ?

En attendant notre départ pour la Guyane, nous dressions nos plans pour nous tirer de la ville quand nous nous serions évadés, et nous cherchions les moyens de nous soustraire aux recherches et aux poursuites dont nous serions l'objet.

Car, tout en ayant la clef des champs, que deviendrions-nous ? C'était là le plus grand de nos soucis. Nous formions des projets, nous dressions des plans qui nous présentaient des dangers ; mais, en tout cas, notre vie étant à l'aventure, nous pouvions la risquer d'une manière ou d'une autre, et, en nous échappant, nous avions plus de chances de salut.

Ce qui nous parut le plus praticable, le voici : nous nous ferions conducteurs de porcs, de bœufs ou de moutons pour les environs de Paris. A Paris, nous nous jetterions dans ces bandes de recrues qui partaient journellement pour l'armée, et nous déserterions à la première occasion. Il n'y a que ceux qui ont été dans les chaînes, sous le poids d'une condamnation, qui puissent se faire une juste idée de nos perplexités, de nos craintes, de nos espérances et de notre joie, quand nous apprîmes enfin la bonne nouvelle que nous étions grâciés.

Mais si notre corde et notre poirier ne nous servirent pas à briser les liens de notre captivité, des cœurs généreux s'employèrent à cette fin, et pour mieux acquitter la dette sacrée de ma reconnaissance, je veux ici faire connaître leurs noms à la postérité qui bénira leur mémoire.

LXXXV. — Mᵐᵉ VAVASSEUR. — Il ne faut pas que je l'oublie, cette bonne dame, car elle a réellement mérité une place dans ces mémoires par les services qu'elle essaya de me rendre.

Cette dame était veuve et passait pour une

dévote de première classe. Elle faisait partie de la paroisse de Notre-Dame de Mortagne.

Dès mon arrivée comme vicaire à Sainte-Croix, elle m'avait choisi pour son confesseur, et m'avait continué sa confiance jusqu'au moment où je refusai de prêter le serment constitutionnel. Du moment où je devins un prêtre *réfractaire*, elle m'abandonna pour aller se mettre entre les mains du curé de Saint-Jean qui, soumis à la loi, valait, *d'après elle*, mieux qu'un *rebelle*.

Mme Vavasseur détestait mon entêtement, mais elle s'affligeait sur mon malheureux sort; elle m'avait pris en pitié, et non en haine.

« Si jeune, sans expérience, disait-elle, le pauvre abbé va comme on le mène ».

Pendant que nous pensions à éviter la Guyane, et que nous cherchions les moyens d'y réussir, cette dame, pleine de compassion pour moi, voulait à tout prix trouver un expédient pour me sauver. Elle en parla à M. le Curé de Saint-Jean. M. l'abbé Soyer, toujours plein de bonté, lui en trouva un. Le voici.

« Je demanderai à Mgr l'évêque M. Marre pour vicaire, dit M. le Curé de Saint-Jean à Mme Vavasseur, et je suis bien sûr qu'il ne me le refusera pas. M. Marre sera logé chez moi; il ne fera ni serment, ni fonctions, et nous aviserons aux moyens de le soustraire à la persécution ».

Cet excellent M. Soyer, d'ailleurs si vénérable, jouissait d'un grand crédit. Malgré son grand âge, Mme Vavasseur, poussée par un noble et généreux sentiment, ne balança pas à entreprendre le voyage d'Alençon, et elle obtint, par l'entremise d'un ami, la permission de m'entretenir. C'était pour me faire part du projet du curé de Saint-Jean.

« Il a de l'esprit, me dit-elle ; il a de bonnes connaissances et le *bras long* ; il est aussi très bien avec Mgr Le Fessier. Il vous demandera pour être son vicaire, vous viendrez chez lui en cette qualité et vous y resterez si cela vous convient. Dans le cas contraire, ou nous vous cacherons, ou nous vous ferons passer sur la terre étrangère ».

Tolérante bonté, dévouement charitable de la part du curé et de la dame. Sensible à cette preuve de bonne volonté si grandement signalée, je m'épuisai en actions de grâces, et la bonne dame y perdit son temps et ses démarches.

— Madame, lui dis-je, ce serait paraître communiquer, dans les choses spirituelles, avec un évêque schismatique ; cela, je ne puis le faire, et, grâce à Dieu, je ne le ferai jamais. Et puis, mon sort est lié à celui de mon confrère, et je ne me séparerai jamais de lui.

Mme Vavasseur, émue, fit beaucoup d'instances et de protestations auxquelles je ne fis pas attention ; je ne fus sensible qu'aux qualités de son excellent cœur. Je lui exprimai de mon mieux l'étendue de ma gratitude, et j'écrivis à M. le Curé de Saint-Jean pour le remercier. Cette dame me quitta en pleurant.

CHAPITRE IX

Départ pour l'exil

LXXXVI. — Nous voila graciés. — Notre condamnation à la déportation n'était plus un secret renfermé dans les bureaux du directoire. Aux personnes qui s'informaient de nous auprès des membres du directoire, ils répondaient :

— Ils iront à la Guyane.

D. — Quand partiront-ils ?

R. — Quand le convoi sera complet.

Mais nous avions des amis qui travaillaient activement à notre délivrance. Trois personnes, sans en être requises, sans s'être entendues, Mme Duchesne de l'Isle, dont le mari était avocat à Moulins, M. Boutey, de Moulins et M. Losier, vinrent officieusement à Alençon plaider notre cause auprès du directoire. Ils y avaient des amis, et ils firent valoir une exception concluante.

Effectivement nous n'étions pas dans la catégorie de ceux d'entre nous atteints par l'expiration du délai fatal. Nous n'avions pas pu nous déporter sans passeports, et ils nous avaient été refusés plus d'une fois. Privés de la liberté, nous étions encore prisonniers, quand le Directoire nous fit amener. Ces raisons, et plus peut-être encore le crédit de nos protecteurs firent commuer la déportation à la Guyane en telle autre déportation à notre choix.

Leurs démarches eurent lieu à notre insu. Le secret leur était-il commandé? Y avait-il quelque danger à faire connaître l'amnistie qui allait nous être accordée? Je ne sais, mais, n'importe, nos désirs furent accomplis.

Un des membres du directoire vint dans le laboratoire où nous étions. A sa vue, nous pensâmes aussitôt à la corde et au poirier, et nous crûmes que le moment était venu d'exécuter le projet que nous avions formé.

Ce membre était M. Brad, de Mortagne. Notre première surprise passée, nous le reconnûmes immédiatement. Il venait avec plaisir nous apprendre lui-même la bonne nouvelle que nous étions libres. Cet heureux jour, où la liberté nous fut rendue, était le 5 novembre 1792.

« Messieurs, nous dit-il avec bonté, venez avec moi; vous vous déporterez dans le pays étranger que vous allez désigner ».

Nos cœurs furent vivement émus et nos yeux se remplirent de larmes. Nous suivîmes M. Brad qui nous conduisit dans un bureau du directoire, où un M. Levé était assis au bureau.

M. Brad à M. Levé. — Délivrez des passeports à ces Messieurs.

M. Levé. — Ce sont des prêtres.

M. Brad. — Qu'importe.

M. Levé. — Il n'en est plus temps.

M. Brad. — Cela ne vous regarde pas.

M. Levé. — La loi me le défend.

M. Brad. — Donnez toujours.

Le citoyen Levé prétendit que, le délai étant expiré, il n'y avait plus lieu de nous délivrer des passeports. Il s'éleva entre eux une altercation qui fut vive et tout à fait sérieuse ; il y eut même des menaces qui pouvaient avoir des suites fâcheuses. J'en tremblai.

Enfin M. Brad pâle, et d'un geste expressif, dit :

— Sous ma responsabilité, citoyen.

A cette sommation, le citoyen Levé céda et prit la plume.

— A Ostende.

— Les Français y seront avant vous, dit le citoyen Levé.

— Cela n'y fait rien, répondis-je.

Je vais donner ici la copie du passeport qui me fut délivré :

« L'an mil sept cent-quatre-vingt-douze, « le cinq novembre, l'an quatrième de la « liberté, le premier de l'égalité — sont rayés

« ces mots — premier de la République
« française.

« S'est présenté au directoire du district
« d'Alençon, département de l'Orne, devant
« nous soussignés, Noël-Nicolas Marre,
« desservant la succursale de Sainte-Croix
« de Mortagne, lequel a déclaré en exécution
« du décret du 26 août, à lui signifié, et d'un
« arrêté du directoire de l'Orne, en date de
« ce jour, qu'il tient pour signifié, pourquoi
« il entend se retirer à Ostende, dans la
« Flandre autrichienne ; en conséquence de
« laquelle déclaration lui a été délivré le
« passeport ci-après :

PASSEPORT

« De par la Nation et la Loi — le mot Roi
« est rayé — à tous citoyens français,
« gardes nationaux, gendarmes et autres,
« laissez passer ledit sieur Noël-Nicolas
« Marre, ci-dessus dénommé, domicilié à
« Alençon, district d'Alençon, département
« de l'Orne, âgé de vingt neuf ans, taille de
« cinq pieds, cheveux et sourcils noirs,
« prêtez-lui aide et assistance en cas de
« besoin, sans l'arrêter de la route d'Alençon
« au Havre, passant par Lisieux, etc.

« Ledit sieur Marre sera tenu de se
« présenter devant la municipalité de la
« dernière ville frontière du territoire

« français, à l'effet de faire constater son
« passage sur pays étranger, dans le délai
« ci-dessous fixé, attendu qu'il est obligé, en
« conformité et par soumission à ladite loi
« et décret du 26 août dernier, de sortir du
« royaume dans quinze jours, à partir de
« ce jour cinq novembre mil sept cent-
« quatre-vingt-douze.

« *Par les administrateurs du district*

« Sont signés :

« PICHON, président, VIEILH, DESAUNAY,
« HUET ».

« *Pour le directoire*

« Signé :

« LEVÉ ».

Pareil passeport fut aussi délivré à mon
confrère.

« Mention des présents a été faite sur les
« registres de la municipalité de Moulins-
« la-Marche, chef-lieu de canton, district
« de Laigle, département de l'Orne, le
« 11 novembre 1792, l'an premier de la
« République française, par nous, secrétaire
« greffier de ladite municipalité de Moulins-
« la-Marche, soussigné.

« Signé :

« FLEURY ».

LXXXVII. — M. Boutey. — Où était ce généreux M. Boutey, qui avait si gratuitement, si chaleureusement plaidé notre cause? Il nous attendait dans le vestibule du directoire. Il nous félicita et nous serra entre ses bras; l'excellence de son cœur se peignait dans ses traits, dans ses paroles et dans ses gestes.

« Dès demain matin, nous dit-il, je vous emmène à Moulins ».

Mais quelles relations avions-nous entretenues autrefois avec M. Boutey? Aucune. Voilà donc un de ces hommes qui font du bien par principe, et à qui les sacrifices pécuniaires ne répugnent pas.

Son grand cœur ne s'en tint pas là. Il nous fit préparer à l'auberge un repas copieux et recherché; puis, sans nous en prévenir, il alla à la poste retenir des chevaux pour le lendemain.

Le lendemain matin, nous montâmes à cheval, et nous suivîmes la route de Paris jusqu'à un bon quart de lieue de Mortagne. M. Boutey l'avait ainsi voulu, sans doute pour que les habitants de cette ville pussent de cette manière avoir de nos nouvelles.

A notre arrivée à Moulins, M. Boutey fût reçu, et nous avec lui, aux acclamations du public à quelques exceptions près. Les cris: « Vive Boutey... Vive Boutey », retentirent de toutes parts, et, ce jour-là, le chant du Ça *ira* et le fameux : *Dansons la Carmagnole* furent comme morts et enterrés.

LXXXVIII. — Fɪɴ ᴍᴀʟʜᴇᴜʀᴇᴜsᴇ ᴅᴇ Gᴀsᴛɪɴᴇ. — Avant de raconter notre itinéraire de Moulins en Angleterre, je vais anticiper sur les évènements pour dire quelle fut la triste fin du pauvre Gastine. La voici telle qu'elle m'a été racontée, car je n'étais pas en France à cette époque.

Gastine succomba dans l'église de Notre-Dame de Mortagne, à la bataille qui s'y livra le 25 mars 1797.

Les citoyens avaient été convoqués, ce jour-là, à Notre-Dame pour l'élection de nouveaux députés. La bataille était préméditée ; les deux partis étaient en présence.

Les honnêtes gens, tremblants et peureux en 1791 et 1792, s'étaient raffermis et avaient repris courage ; ils occupaient le haut de l'église, et les révolutionnaires exaltés occupaient le bas.

Après quelques démonstrations hostiles, la haine et la vengeance, depuis longtemps concentrées, font enfin explosion. Il ne leur manquait que des armes : ils en font. Les chaises qui se trouvaient encore en assez grand nombre dans l'église, sont bientôt dépecées, et chaque combattant se trouve ainsi armé d'un montant de chaise. On se choque, on se cogne. A cette vue, le citoyen Desgrouas, qui m'avait dit, en 1790, qu'il fallait *qu'un parti échinât l'autre*, court appeler au secours.

« *Venez vite*, citoyens, *venez vite*. On se bat à Notre-Dame ».

Un tisserand, qui poussait sa navette, se hâte d'accourir et s'arme de ce qui se trouve sous sa main, mais en entrant dans l'église, il reçoit un coup violent sur la tête. Le coup fut si rude qu'un morceau éclaté du dossier de la chaise, encore adhérent au montant, se détacha du montant pour s'enfoncer dans la nuque du tisserand qui poussait des cris déchirants.

La victoire, chaudement disputée, était incertaine. Les honnêtes gens, refoulés vers l'autel, n'avaient pas à choisir entre vaincre ou fuir ; il leur fallait vaincre ou mourir.

Tout à coup, comme pour décider de la la victoire, un brave octogénaire manœuvre avec son montant de chaise et crie de tous ses poumons :

« Fonçons..... Fonçons ».

Il fonce et enfonce. Son intrépidité électrise les honnêtes gens, qui dans cette circonstance reçurent du secours au-delà de leur attente, car des boulangers, des menuisiers, des maréchaux et autres artisans se rangèrent sous leurs drapeaux, et ils restèrent maîtres du champ de bataille.

Les sans-culottes perdirent deux hommes qui restèrent morts dans l'église. L'un était un nommé Lamberdière, écorcheur à Mortagne ; et l'autre, le pauvre Gastine, cet huissier de Moulins qui nous avait arrêtés à Rouen.

Mais combien d'autres furent blessés et échinés ! Les uns saignaient à la tête, les autres étaient contusionnés ; presque tous avaient reçu quelque blessure, plus ou moins dangereuse. Les vainqueurs, célébrèrent leur victoire, en faisant une grande procession à travers les rues de la ville.

LXXXIX. — Mon cousin l'Abbé. — Ce cousin-là n'était pas le fils de mon oncle Bureau ; pour lui, il resta oublié, perdu à Paris, et il y passa les jours mauvais.

Le cousin dont je parle ici, c'était l'abbé Marre, né à Saint-Aignan-sur-Sarthe ; il n'avait point, en 1792, dépassé Séez et Mortagne, et n'avait encore vu que ces deux villes.

Vicaire à Champs, petite paroisse située entre Mortagne et le monastère de la Grande-Trappe, son curé faisait toute sa société. D'une timidité, d'une simplicité, d'une candeur peu communes, mon cousin l'abbé en valait bien un autre, quand il était sur la théologie, et il y était presque toujours.

On lui avait dit que la Constitution civile du clergé ferait refleurir la religion. Hélas ! il eut la naïveté de le croire. Cette croyance

et la peur aussi le poussant lui firent prêter
le malheureux serment, mais la peur du
jugement de Dieu lui fit rétracter ce que la
peur des hommes lui avait arraché. Son
serment une fois rétracté, il pleura sa faute
amèrement et se cacha chez de bons catholiques, qui lui donnèrent généreusement
l'hospitalité.

Cependant, caché dans je ne sais quelle
chaumière, il s'y ennuyait à mourir. Il
avait, à plusieurs reprises, fait inutilement
solliciter des passeports : ces rustres municipaux avaient mis dans *leur hune* qu'il
n'en aurait pas. Ils lui répondirent une
dernière fois qu'il était trop tard et que la
Guyane l'attendait.

J'étais alors chez ma mère et je me dis-
posais à partir pour l'exil. Nous avions
quinze jours pour sortir du territoire français, et six jours s'étaient déjà écoulés.

Mon cousin eut connaissance de mon
retour à Moulins et de mon prochain départ
pour l'exil, et vint pendant la nuit me trouver chez ma mère.

Il était arrêté entre l'abbé Blanche et
moi, que nous ferions route en selle, et
que le fidèle François nous accompagnerait
pour ramener nos chevaux.

— Ah ! dit mon cousin l'abbé, que je
me croirais heureux, si j'avais un passeport ! Avec quel plaisir je m'en irais avec
vous !

— Vraiment, lui dis-je, es-tu bien décidé
à nous suivre ?

Lui. — Ah ! oui, si j'avais un passeport.

Moi. — Garde-toi bien maintenant d'aller
leur en demander un ; ils t'enverraient à la
Guyane.

Lui. — Comment donc faire ?

Dans ce temps-là, les communes rurales
n'avaient point de passeports imprimés ;
elles en délivraient qui étaient écrits à la
main, sur papier libre ; elles n'avaient
même pas de cachets, et il suffisait d'y
apposer des signatures.

Je dis à mon cousin :

— Un passeport, je t'en vas faire un.
Voyons, quels sont tes noms et prénoms ?

— Mais, dit mon cousin tout intimidé,
vas-tu tout de même me faire un passeport ?

Moi. — Oui, mon ami, sois sans inquiétude.

Lui. — Mais si cette fraude allait être
découverte !

Moi. — Eh bien ! Nous aurions le même
sort. Si tu restes, tu te risques ; si tu pars,
tu te risques. Choisis. A deux lieues d'ici, le
passeport que je vais te faire en vaudra
bien un autre. Les noms et les qualités de
tes conseillers municipaux ne vont pas loin.
Voyons, quels sont tes noms et ta qualité ?

Lui. — Ma qualité ! Dame..... ancien
vicaire de Champs,

Moi. — Non... non... domestique vaut mieux. François, le domestique de Mme Blanche, vient avec nous pour ramener nos chevaux. Il sera le domestique de l'abbé Blanche, et toi tu seras le mien... Eh bien ! Qu'en dis-tu ?

Lui. — Oui... oui... je le veux bien.

Moi. — Tu auras donc soin de prendre des habits de domestique, à peu près comme ceux de François. Tu te procureras un cheval, et, lundi prochain, tu viendras nous prendre chez Mme Blanche, et tu auras soin d'arriver de grand matin.

En faussaire présomptueux, je lui fais un passeport dans le style ordinaire. Je change d'écriture, je glisse des fautes d'orthographe, je donne au cousin les noms et qualification de Jean Charlot, domestique. Je remplis les formalités d'usage, et j'apposai des deux mains autant de signatures qu'il en fallait. Cette pièce de ma fabrique, je la gardai, dans la crainte qu'elle ne devint funeste au cousin, s'il venait à être arrêté et fouillé dans les environs de Moulins. Le cœur joyeux, il s'en alla de suite pour faire ses préparatifs.

XC. — Mme Corblin. — Notre Départ. — (12 novembre 1792). — Mme Corblin était l'épouse de ce procureur, qui avait composé et fait imprimer une chanson sur M. Godet, curé constitutionnel de Saint-Martin de

Laigle. Elle vint, la veille de notre départ, me trouver chez ma mère, et, avec toutes les marques du plus vif intérêt, elle m'offrit une bourse dans laquelle il y avait, disait-elle, cinquante écus, et elle m'exprima le regret de ne pas avoir une somme plus forte à m'offrir.

Avec le secours de ma mère, j'avais pu me procurer vingt-cinq louis en or. Je dis à Mme Corblin :

— J'ai vingt-cinq louis en or et des assignats, et, comme nous serons, je l'espère, revenus dans six mois, je n'en aurai pas dépensé la moitié. Veuillez agréer, madame, mes remercîments et l'expression de ma parfaite gratitude.

Cette dame, qui nous protégeait, avait eu aussi l'attention de nous indiquer une première étape, où nous devions être reçus comme des amis par des gens de notre opinion, et ils devaient à leur tour nous recommander à d'autres amis.

C'était là le moyen d'arriver à Portsmouth en nous rendant d'une maison amie dans une autre maison amie, et pendant tout notre voyage, il nous réussit merveilleusement.

Nos domestiques reçurent pour mot d'ordre de faire de l'abbé Blanche un médecin, et de moi un avocat. Nous employâmes ce stratagème uniquement pour répondre aux curieux, car nos passeports nous qualifiaient autrement.

XCI. — A Honfleur. — Un Capitaine se fait notre Protecteur. — (14 novembre).
Notre fuite vers le sol étranger s'accomplit dans d'heureuses conditions. Dans tout notre voyage, nous fûmes si bien secondés qu'on ne nous demanda pas même nos passeports. Cependant, à la vue d'Honfleur, mon pauvre cousin crut être à sa dernière heure. Il nous cria :

—Messieurs, recommandons-nous à Dieu, nous allons périr là.

— Comment sais-tu ça ?

— Tu ne vois donc pas ?.. tiens, les vois-tu là-bas ? Oh ! qu'ils sont donc patriotes ! Ils ont planté plus de cinquante arbres de la liberté.

Il voyait les mâts d'un vaisseau pavoisé aux trois couleurs.

A Honfleur, nous étions adressés à l'hôtel de la *Poste aux Chevaux*. Nous étions prévenus que dans cette maison il y avait de bonnes gens. Une demoiselle nous reçut.

L'abbé Blanche, homme à précautions, avait lu sur son passeport ces mots « tenu de faire viser le présent/ à la dernière ville frontière ».

Il nous dit à mon cousin et à moi : « Allons faire viser nos passeports ».

Je répondis : « Allez-y, si vous voulez ; pour moi, je n'y vais pas... Nous ne sommes pas encore au Havre ».

L'abbé Blanche entraîna mon cousin, et il

fit bien, car le passeport du cousin fit passer le sien.

Le sien qui était imprimé, parut suspect à cause de quelques ratures et surcharges ; sur celui du cousin, au contraire, pas une seule rature, et la moitié plus de signatures. Bien que fait à Moulins sur ma cheminée, il sauvegarda l'autre fait au directoire d'Alençon.

Pendant que ces deux messieurs étaient à la municipalité, je restai seul avec la demoiselle. Son affabilité, sa modestie, sa franchise eurent bientôt gagné ma confiance, et je lui dis que nous étions trois prêtres envoyés en exil. Dès qu'elle fut instruite de notre condition, elle appela une domestique et lui donna des ordres. La domestique revint avec un monsieur qui salua affectueusement la demoiselle.

« J'ai ici, lui dit-elle, trois prêtres qui se déportent ».

Ce monsieur m'interrogea. Je lui racontai en gros les épreuves par lesquelles nous étions passés et les dangers que nous avions courus. Quand il apprit que mes deux confrères étaient à faire viser leurs passeports, il me demanda le mien. Il le prit en disant : « Je m'en charge » ; et il sortit.

L'abbé Blanche et mon cousin attendaient leur *visa*. Ce monsieur n'eut qu'un mot à dire pour le faire expédier. Il revint avec ses protégés. Il était ou avait été capitaine de vaisseau et était sur le point d'épouser la demoiselle. Il nous dit :

« Je ne vous quitterai pas que vous ne soyez en sûreté ».

Cet excellent homme fut en effet à nous tout entier jusqu'au 18 novembre, époque de notre départ du Havre. Nous n'eûmes qu'à le laisser faire.

Sur ces entrefaites, le bon François, domestique de Mme Blanche, vint me trouver en particulier et me dit :

— Monsieur l'abbé Marre, v'connaissez bien le vieux Saffray. Il est toujours à hâbler avec sa guerre de Bergouton, mais il n'a jamais passé l'iau. Dites donc à M. l'abbé Blanche qui m'laisse itout passer l'iau avec vous autres jusqu'au Havre, et pis, à mon tour, je l'vairons venir maître Saffray. Je l'y aurai bientôt rivé son clou.

— Mon bon François, lui dis-je, je vais en parler à l'abbé Blanche, et vous allez venir avec nous. Du reste, il n'a pas raison de vous refuser, car il faut que les chevaux se reposent.

François monta donc avec nous sur le vaisseau qui nous portait au Havre. C'était le 14 novembre. La mer était très agitée, et François et nous, nous lui payâmes un fort tribut; mais le cousin en fut exempt pour cette fois.

XCII. — Au Havre. — A notre arrivée au Havre qui eut lieu le 15 novembre 1792, notre capitaine qui nous avait accompagné, eut soin de nous installer dans une bonne hôtellerie et de nous recommander au maître d'hôtel qu'il connaissait. Puis il ajouta : « Soyez bien tranquilles ; ne vous occupez pas de votre embarquement, j'y pourvoirai ».

Pendant la traversée de Honfleur au Havre, le cousin l'abbé, debout au milieu des passagers, s'apitoyait sur ceux qu'il voyait malades, principalement sur l'abbé Blanche et sur moi. Emu de compassion et de remords, il était trop tard pour qu'il pût nous soulager, et il s'en excusa du mieux qu'il pût.

— Ah ! mes bons amis, que je me repens de ne pas vous avoir appris à passer l'eau.

— Tu sais donc passer l'eau, toi cousin, qui tantôt ne connaissais pas un mât de vaisseau.

— Qui t'a appris cela ?

— C'est monsieur le curé de Champs.

— Eh ! bien, il en est encore temps.

Il prend sa canne : « Tenez, messieurs, voyez bien, et en se balançant sur sa canne, c'est de suivre tous les mouvements du vaisseau en faisant comme çà ». Nous remerciâmes le cousin.

Notre ami, le capitaine, était reparti le soir même pour Honfleur, mais il se retrouva le lendemain matin au Havre dans notre chambre. Il me dit : « Voudriez-vous obliger des dames religieuses ? Elles désirent entendre la messe, et elles ont dans un petit appartement tout ce qu'il faut pour offrir le Saint-Sacrifice ».

J'allai avec lui, et je dis la messe à laquelle il assista avec la plus tendre dévotion. Se montrant toujours notre serviteur tout dévoué, il se chargea de faire viser nos passeports au Havre comme il l'avait fait à Honfleur. Il s'occupa aussi de notre embarquement, mais il voulait que les vents et l'occasion fusssent favorables. Il nous retint au Havre pendant trois jours. Il allait coucher à Honfleur, et le matin, il se retrouvait au Havre assez à temps pour venir avec nous dans l'appartement des religieuses et y entendre la messe.

Au Havre, le fidèle François, un jour que nous visitions le port, s'occupait à mesurer par enjambées la longueur approximative des vaisseaux. Tout à coup, pendant qu'il se livrait à cet exercice, il vit avec étonnement débarquer des chevaux. On les enlevait du vaisseau par le moyen d'une machine. Il en fut tout émerveillé.

— Hélas ! s'écria-t-il, ce que c'est que d'voyager..... des chevaux sur l'iau. Comme on l'zenlève en l'air.

François cependant devenait inquiet et soucieux. Il me dit :

— Monsieur l'abbé Marre, n'y a-t-il point, pour retourner à Honfleur quérir nos chevaux, un autre chemin que c'ti-là par lequel nous sommes venus ici ?

— Oui, mon bon François, lui répondis-je, il y a un autre chemin, mais par Rouen..... et pour arriver à Honfleur, il faudrait faire plus de quarante lieues.

— Ah ben ! s'écria-t-il aussitôt, ca m'est égal, je ne me remets pas sur l'iau, quand je devrais marcher jour et nuit.

Le cher François, hélas ! avait comme tant d'autres éprouvé violemment sur mer le mal de cœur. Notre ami le capitaine, je me plais à lui donner ce nom, le rassura en lui promettant de lui indiquer une route moins longue. Sur le soir, il dit à François :

— Venez donc avec moi.

François ne s'en doutait pas ; mais poussé et enlevé par les fortes mains des matelots, il lui fallut passer l'eau encore une fois.

Le 18 novembre 1792, le capitaine nous dit :

— Messieurs, j'ai votre affaire ; vous allez vous embarquer ce soir, et vous allez être en bonnes mains.

— C'est bon, dit l'abbé Blanche, mais nous ne savons pas où la tempête peut nous jeter ; prenons nos précautions.

Et il alla faire d'abondantes provisions de pain, de vin et de charcuterie.

En allant à l'embarcadère, notre protecteur crut devoir nous prévenir que nous ne devions pas nous exposer, pendant la nuit, sur le pont du vaisseau, et que l'avant dernière nuit, un homme était tombé à la mer et y avait péri. Il nous installa dans une chambre où il y avait trois lits. Point d'autres passagers avec nous.

Des douaniers, qui étaient venus pour la forme seulement, se retirèrent sans faire ouvrir nos malles; notre excellent ami avait tout arrangé d'avance. Il nous recommanda affectueusement au capitaine du vaisseau qui allait nous emporter, puis il nous embrassa et nous souhaita un bon voyage.

Enfin nous le quittâmes en le priant d'exprimer à l'excellente demoiselle de l'*Hôtel de la Poste* toute l'étendue de notre vive gratitude, et nous payâmes à ses soins et à toutes ses bontés le juste tribut d'éloges et de reconnaissance que nous leur devions.

XCIII. — Nous faisons Voile vers l'Angleterre. — L'ancre n'était pas encore levée, le vaisseau ondulait et se balançait doucement.

Assis sur une banquette, l'abbé Blanche et moi, nous admirions le cousin qui, appuyé sur sa canne, debout au milieu de la chambre, en suivait le mouvement, tant bien que mal; il était facile de reconnaître en lui certain mal qui progressait. Je dis à l'abbé Blanche :

— Il paraît que la tactique du curé de Champs va bientôt aller à vau-l'eau.

— Ah ! que je souffre, dit le cousin.

Nous lui conseillons de se mettre sur son lit. Il va pour se coucher, mais il n'arrive pas et il tombe sur le plancher. Alors, lui aussi paya largement son tribut à la mer.

— Hélas ! s'écria-t-il, si monsieur le Curé de Champs voyait cela !

Nous l'aidâmes à se relever et à s'étendre sur son lit, où il continua à gémir et à faire peur, tant il était malade.

L'abbé Blanche et moi, qui avions payé un premier tribut, ne fûmes pas à beaucoup près aussi maltraités. Malades cependant, nous faisions triste figure, nous vomissions aussi, mais à petit bruit.

Pendant toute la nuit, les efforts que faisait le cousin pour vomir venaient jusqu'à nous, mais il n'entendait pas ceux que nous faisions, parce qu'il était beaucoup plus malade que nous. D'ailleurs, la mer était très houleuse ; le bruit des flots, du vent et des voiles, et le tapage que les matelots faisaient sur nos têtes, ne permettaient pas de nous entendre.

Nous n'avions guère qu'une quarantaine de lieues à parcourir, mais la violence des vents était telle que nous ne pouvions avancer qu'en louvoyant. Les rafales ballotaient le vaisseau, et le secouaient violemment.

L'abbé Blanche, qui avait prévu que nous pourrions être longtemps en mer, avait, comme je l'ai déjà dit, fait une copieuse provision de vivres. Il s'avisa, lorsque le jour parut, de se réconforter, au moins quant à la boisson. Il but un demi-verre de vin, m'en versa autant, et en porta autant à mon cousin qui avala sa portion pour la vomir peu de temps après.

L'abbé Blanche et moi, nous étions encore passablement valides, mais le pauvre cousin souffrait tant qu'il se croyait à sa dernière heure.

XCIV. — A Portsmouth. — La Terre d'Exil. — Parvenus enfin au débarcadère, nous ne manquâmes pas de secours. Dès que notre vaisseau fut en vue, les deux rives du canal qui conduit au port ne tardèrent pas à se garnir de Français émigrés, avides de nouvelles.

Tous, tant prêtres que nobles, s'empressèrent de nous conduire dans un appartement où il y avait un poêle et ils y traînèrent mon cousin en le tenant par-dessous les bras. Un verre de vin chaud le ranima. Il recouvra assez de force pour se déshabiller. De nouveaux vêtements lui furent procurés et on envoya au lavage ceux qui avaient éprouvé les effets du mal de mer.

Parmi les exilés qui nous entouraient, il y avait au moins une cinquantaine de prêtres qui comptaient déjà plusieurs mois d'exil, et qui commençaient à s'ennuyer. L'abbé Blanche, à qui les persécutions n'avaient pas fait perdre la faculté de bien dire, se trouva dans un clin d'œil au milieu d'un cercle d'auditeurs qui ouvraient les oreilles, bouche béante, pour recueillir les nouvelles que nous apportions. Il leur en débita qui furent couleur de rose, à cela près qu'il ajournait notre rentrée en France à la fin du printemps suivant. Il leur dit :

— La Montagne, les Girondins, les Jacobins, les autres clubs s'entrejettent la pomme de discorde..... les échafauds qu'ils ont dressés pour les autres, les attendent..... les factieux en rabattent..... la République n'existera bientôt plus que de nom. Encore six à sept mois, et nous pourrons rentrer en France.

Oh ! qu'il a d'esprit, ce monsieur-là ! disaient les auditeurs.

Plusieurs de nos confrères s'emparèrent ensuite de nous et nous conduisirent à une bonne auberge, où ils voulurent nous régaler. Les provisions que le bon abbé Blanche avait faites au Havre auraient été pour cela plus que suffisantes, même pour un plus grand nombre de convives, mais nous les avions laissées dans le vaisseau, et les matelots en profitèrent.

Pour nous guérir du mal de mer, il ne

nous fallut rien autre chose que de prendre terre.

Après tant de tribulations, trop souvent répétées, dans notre chère mais malheureuse patrie, on comprendra facilement le bonheur que nous ressentîmes en mettant le pied sur le sol anglais, pays où le mot liberté n'est pas un vain mot. Aussi l'abbé Blanche en devint poëte et il se hâta d'écrire à sa sœur :

« Je foule enfin le sol de la fière Albion! »

Fin

« *P.-S.* — Si le bon Dieu me prête vie, je donnerai l'historique de mes dix années d'exil » (1803).

M. l'abbé Marre a tenu parole, et à sa mort, en 1849, il a laissé parmi ses papiers un manuscrit où il raconte les pérégrinations et les souffrances de son exil. Ce manuscrit, nous le publierons prochainement. Au mois de novembre 1897, il paraîtra sous ce titre :

DIX ANS D'EXIL

(Voir les annonces placées au commencement de ce volume).

18

TABLE DES MATIÈRES

CHAPITRE PREMIER

SCÈNES RÉVOLUTIONNAIRES
A MORTAGNE-AU-PERCHE (ORNE)

CHAPITRE II

PREMIER DÉPART DE MORTAGNE ET RETOUR

CHAPITRE III

DÉPART DÉFINITIF DE MORTAGNE

INSTALLATION A LA BURLIÈRE ET AUX ENVIRONS

CHAPITRE IV

SÉEZ. — CAEN. — BAYEUX
RETOUR A LA BURLIÈRE

CHAPITRE V

PARIS. — ROUEN

CHAPITRE VI

ELBEUF. — CONCHES. — RUGLES. — LAIGLE

CHAPITRE VII

RETOUR À MOULINS-LA-MARCHE

CHAPITRE VIII

ALENÇON. — AUX FILLES SAINTE-CLAIRE

CHAPITRE IX

DÉPART POUR L'EXIL

FIN

Bellême (Orne), imp. G. Levayer

1826   16 Sept

Perche et Normandie

SCÈNES DE MŒURS PERCHERONNES

Voici l'appréciation des « *Scènes de mœurs per-cheronnes* » insérée dans la « *Semaine catholique du diocèse de Séez* ».

« Les volumes, qui renferment les « Scènes de
« mœurs percheronnes » sont d'excellents livres de
« propagande. La forme plaisante qu'y revêt la vérité
« les rend aussi agréables qu'instructifs. Nous
« promettons aux familles qui les liront le soir en
« commun autour du foyer, des accès de fou rire et
« des éclats de franche gaieté.

« Les sujets traités offrent une variété très grande.
« Ici l'auteur nous introduit dans l'intérieur d'une
« ferme percheronne aux jours traditionnels de gala
« et de bombance, comme le mardi-gras et la fête
« des Rois. Les mâchoires triturent à faire trembler
« la volaille, les dents en « *cotissent* » et on vide
« des pintées de cidre depuis trois heures jusqu'à
« minuit sans « *décotter* ».

« Ailleurs, ce sont les lamentations superstitieuses
« d'une bonne femme de Saint-Mard de-Réno. Son
« curé n'a-t-il pas eu l'audace de remplacer par des
« statues toutes neuves, les affreuses figures taillées
« à coups de couteau, qu'elle appelle ses bons vieux
« saints. Plus loin, nous assisterons à la séance d'un
« conseil de fabrique dans un village percheron, en
« l'an de grâce 1843. Puis viennent les portraits.
« Certains types, fréquents dans les campagnes,
« sont saisis et vivants. Ils se détachent en plein
« relief comme des photographies sous les verres du
« stéréoscope.

« Voilà le paysan philosophe, le faux patriote,
« l'avocat de village, etc., et, pour clore la procession,